徳望を磨くリーダーの実践訓

古典の三大名著「管子」「論語」「孫子」に学ぶ

數土文夫

致知出版社

はじめに

私の生家には、日本や世界の文学全集から東洋古典まで、多くの本がありました。故郷の富山は雪深くて外で遊べない日も多いため、私は家にあった本に自然に接する機会が多くなりました。

東洋古典では『史記』『十八史略』『資治通鑑《しじつがん》』『論語』『孫子』『宋名臣言行録』『貞観政要《じょうがんせいよう》』といった書物に、中学・高校生の頃から読み浸りになりました。当然、学業は疎《おろそ》かになりました。が、両親は黙認してくれていました。

大学卒業後は川崎製鉄に入社し、最後の川崎製鉄社長としてＮＫＫ（日本鋼管）との経営統合によるＪＦＥスチール設立を進め、二〇〇三年に初代代表取締役社長（ＣＥＯ）に就任。二〇〇五年にはＪＦＥホールディングス代表取締役社長（ＣＥＯ）に就き、経営の舵取りを行ってきました。

他に短い期間ですが、ＮＨＫや東京電力に加え、いくつかの上場企業の経営にも参画してきました。

そんな中、経営の指針としてきたのが、数ある東洋古典の教えです。中でも『管子《かんし》』『論語』『孫子』の三書を、「東洋古典三部作」とひそかに位置付け、企業経営の指針としてきました。

『論語』と『孫子』は広く読まれているものの、ここに『管子』を加えていることに意外な印象を受ける方もおられるかもしれません。

しかし私は以前から、二一世紀のリーダーが分野を問わず心得とすべきは『管子』の教えではないかと考えてきました。それほど『管子』には、現代人が生きる上で重要な知恵と知識が詰まっていると感じてきました。

『貞観政要』を通じて、あるいは直接『史記』や『管子』を通じて管仲に学んでいたのは、おそらく徳川家康であると思います。徳川幕府の「士農工商」制度、「五人組」制度の原点は二七〇〇年前の管仲の制度そのものです。

詳しくは本文にて触れますが、家康と、信長・秀吉との違いについては、いろいろな見方があるものの、私は彼らが歴史・古典を読んでいたか、いなかったかに尽きるのではないかと感じています。

私が『管子』を初めて読んだのは四〇代の頃ですが、何度も読み返しているうちに、孔子と孫武がいかに管仲の影響を受けていたかを痛感させられました。しかも、管仲が生まれたのは今から約二七〇〇年前、孔子と孫武は約二五〇〇年前で、二人は同時代の人物ですが、二人の間には接点はありませんでした。

『論語』と『孫子』を読めば読むほど、『管子』の影響を深く受けていたことがよく分かります。私自身は数ある東洋古典の中で、『管子』こそ中心に位置すべきだと考えていました。

そうした考えを前提にこの三書を読み、経営に当たったほうが、経営はよりうまくいくに違いないと思ってきました。

そしてそのことを、機会があればぜひみなさんにもお伝えしたいと考えていました。

致知出版社の藤尾秀昭社長から、「社長の『徳望を磨く』人間学塾」で古典の講義をしていただけないかというお話をいただいたのは、そんな折でした。

本書は二〇二二年十月から二〇二三年三月まで全六回にわたって行われた「古典に学ぶリーダーの条件～『管子』『論語』『孫子』に学ぶ～」の講義をまとめたものです。

『管子』と『論語』と『孫子』。この三つの書物を併せて読むことによって、今までの二倍にも三倍にも勝るヒントが得られることを私は確信しています。

本書が、激動する時代において日々事業経営に当たっておられるみなさんの生きた実践訓となることを心より願います。

なお、未熟ゆえに至らない点も多くあろうかと思われますが、ご容赦いただけますようお願い申し上げます。

徳望を磨くリーダーの実践訓＊目次

第三章　三〇〇〇年の時をかけ三〇〇〇人の弟子が叡智を集め仕上げた『論語』

第四章　孔子の息づかいが感じられる『論語』の読み方

第五章　戦わないことを最上とした兵法書『孫子』

第六章　人間学の極意書として読む『孫子』

第一章

その正しさゆえに歴代君主が恐れ密かに読んだ『管子』

『管子』

政治論集。八六篇のうち、七六篇が現存。二四巻。戦国時代末から漢代にかけて、複数の論文をまとめたものという説もあるが、本書では斉《せい》の宰相管仲《かんちゅう》の著とする立場をとっている。

政治・経済・文化など多岐にわたって、儒家・道家・法家・陰陽家ほか多くの思想的立場で記述された。

曹操《そうそう》や諸葛亮孔明《しょかつりょうこうめい》に重用されたほか、日本では、黒田官兵衛、二宮尊徳、上杉鷹《よう》山《ざん》、西郷隆盛、山田方谷《ほうこく》、渋沢栄一らに影響を与えたとされる。

実力功績に比して知名度が低い管仲の謎

本講義のタイトル「社長の『徳望を磨く』人間学塾」の「徳望」という言葉を聞いたとき、真っ先に頭に浮かんだのが『管子』です。

二一世紀のリーダーが手本とすべきは『管子』であると、私は以前から思っていました。二七〇〇年前の書ですが、むしろ現代のリーダーこそ『管子』に学ぶべきである。教科書としてよいくらいです。

それほど『管子』には、現代に応用できる知恵と知識が詰まっています。

『管子』というのは、管仲（管夷吾《いご》、仲は字《あざな》）の言動を記した書物ですが、管仲自身が書き遺したものとされています。

孔子の言動を記録した『論語』は、孔子の弟子たちが長い年月をかけてつくり上げましたが、『管子』の根幹は管仲自身の手によってつくられました。

私は二一世紀の時代、本当に参考にすべき人物は管仲ではないのかと思っています。

そこで史実に残る管仲の言行から、リーダーの徳望を磨くために役立つものを選び出し、ここで紹介・解説していきます。

民こそ国の富とした奇跡の書

中国の古典は『老子』にしても『孟子』にしても、また『論語』にしても『韓非子《かんぴし》』にしても『荀子《じゅんし》』にしても、思想家の対象は貴族・士族です。

こういう古典で論じられているのは、君主、諸侯、王侯貴族、すなわち中国では卿・士・大夫、そういう上流階級の人についてであって、民衆のことはまったく眼中にありませんでした。

その最たるものは、紀元一二〇〇年頃に朱熹《しゅき》によって唱えられた儒教の学問体系、朱子学です。朱子学を最も強く反映した韓国の両班《ヤンバン》（朝鮮王朝時代の支配階級）などは、労働は一切しませんでした。搾取するだけです。

これは極端なことですが、それに対して管仲は、貴族階級よりも士・大夫よりも、下の民衆の幸せこそ、庶民の富こそ本当の国富なんだと主張しています。

これは中国の古典でも非常に珍しい。『管子』にのみ現れる思想です。つまり管仲は奇跡的な思想の持ち主といえます。

余談ですが、この珍しい思想を日本のトップは持っていました。

仁徳《にんとく》天皇は大きな天災、災害が起きたとき、自分の宮殿の近くの丘の上に登ってみて、民のかまどから煙が一つも上がっていなかったことから、民が災害で疲弊し食事もままならない惨状にあると悟り、三年間無税にすることを決定しました。

それを聞いた皇后が、今でさえ宮殿のあちこちが傷み、雨漏りがしたりと修繕が必要なのに、無税になんてしたらやっていけませんよと言ったところ、仁徳天皇は皇后に民こそ私の富だと皇后の意見を斥《しりぞ》けました。

日本人はそういう天皇家の素晴らしさを思い知って、もっと感謝してもよかったのではないかなと思える逸話です。

権力者には耳の痛い『管子』

ところが中国では漢以後、正確には漢が儒教を国教とした以降ですが、『管子』はほとんど評価されていません。

なぜかというと、君子のことだけが書いてある『論語』に対し、『管子』では、民の幸福を基軸にしていますから、為政者であり権力者である支配階級、すなわち王侯貴族・士族に対して非常に厳しいことを言っています。

『管子』が国の富は民衆を富ますことで殖え、それが国力の基盤になると言っていますから、王侯貴族は自分たちのことよりも、民を優先して考えなければなりません。

それが国力を上げる最善の方法とわかったとしても、自分の保身、財産を最優先に考える人々にとって『管子』は震え上がるほどの危険思想書だったはずです。

日本でも徳川幕府は『管子』を評価しませんでした。あんなものを勉強してもらったら困ると恐れ遠ざけたわけです。

徳川幕府は、これは嘘か真《まこと》かわからないですけれども、油と百姓は絞れば絞るほど出てくる、絞れるだけ絞れと言っていたといいます。

『管子』の思想とはまったく逆です。

現代中国の権力者中国共産党は儒教、孔子をあまり評価しておりません。習近平は世界に「孔子学院」という施設をつくっていますが、それは見せかけで、本質はアメリカの言うように、各国の事情を探るスパイとして使っているのではないか。真偽のほどはわかりませんが、私もまぁそれに近いのではないかと思っております。

では孔子を否定する共産党は、民の富が国の富と唱える管仲を評価しているかといったらこれが全然違います。

毛沢東時代、中国共産党の一番の文化参謀であった郭沫若《かくまつじゃく》という人はこう言っています。

「管仲は『牧民篇』で人民を大切にしないとダメだと言っているが、民を牧するというのは、人民を羊とか牛とか山羊《やぎ》とかと一緒にしている」と、まったく言いがかりに近い批判をしていました。

「牧民篇」とは、家畜だって絞っただけではダメで、やっぱり餌を与えないといけない。

民は家畜以上の国の宝と言っているのです。

そういうやや象徴的な意味で「牧民」としているのであって、牛や馬並みに扱っているといってあれはダメだというのは、極端に歪曲《わいきょく》した解釈をしているわけです。

なぜ郭沫若が、それほど管仲を否定しなければならなかったかといえば、共産党もまた搾取するしかなかったからです。

共産党の本性でしょう。

今も中国の農民籍というものは非常に差別されています。

未だに直っていないわけですね。そういうところで中国共産党は管仲を評価しておりません。

盛者必滅の世で四〇年の長期政権を築いた管仲の手腕

では、『管子』の作者である管仲という人はどういう人だったのか。

読者の多くが孔子や孟子に比べ、管仲という人のことはあまり聞いたことがないと思います。しかし、私の考えではこんなに偉い人はいません。

管仲は中国古代、紀元前七〇一年から六四〇年代までの頃に、斉の宰相として長く活躍した人です。

山東省の斉というのは、元々は弱小国だったのですが、それを管仲が中国で一番の覇権国に発展させました。当時の中国は、自国がすなわち世界という考えでしたから、中国一といえば世界一の覇権国ということになります。そのときの宰相を管仲は四〇年以上務めました。

宰相とは現代の日本でいえば、首相です。

宰相になることも、宰相の地位を続けることも簡単ではありませんが、当時の中国ではそれ以前に国が存続することも大変でした。

管仲の活躍した時代より七〇年ほど前、宗王国であった周という国が紀元前七七〇年に夷狄《いてき》（中国の外の勢力）に都を占領されて、君主は都から逃げて東の洛陽というところに移りました。

それから秦《しん》の始皇帝が紀元前二二一年に中国を統一するまでの間、五〇〇年間くらいにわたって春秋戦国時代が続きます。五〇〇年間の前半を春秋時代、後半を戦国時代といいます。

周の下には一〇〇カ国以上の、日本でいえば藩、薩摩藩とか長州藩のような国があり、それぞれ王がいましたから、周が覇権を失ったことでこれらの大小の国々が乱立し争い合うことになります。

最初は一〇〇カ国ぐらいあったのですが、それが四〇カ国になり、管仲の時代には一〇カ国くらいになっていたものの、各国お互いに凄《すさ》まじい権謀術数を使っていました。

そういう苛烈《かれつ》な情勢の中で四〇年間も国を存続させ宰相を務めたというだけでも、管仲の手腕が窺《うかが》い知れます。

王侯貴族から庶民まですべての層が支持

宰相を務める苦労というのはそれだけではありません。

宰相に任ぜられるというのは非常に名誉なことではありますが、同時に一族が殺されるかもしれないという大きなリスクを負う職分でもありました。

なぜかというと、王家には子供が何人もいて、必ず兄弟同士で王権を争って内紛が起こるわけです。今日でいう相続争いですが、現代日本の相続争いとはケタ違いの凄まじい命の取り合いが起きます。

内紛が起きて王様が代わると、それ以前の宰相は失脚し一族もろとも粛清されることも珍しくありません。

また、ひとりの王が長生きして治世が長くなったとしても、今度は自分の兄弟たちが反逆するのではないかと疑い始めます。

自分が宰相に任命したAという男は、今は自分に忠実な顔をしているけれども、実は弟の誰それと密約しているのではないか、宰相と弟が結託して自分を追い出しにかかるのではないかと……。

また、そういうことを下から言ってくる人間が数多くいて、歴史上にはそんな讒言《ざんげん》による事件が頻繁に出てくるわけです。

会社でもそうかもしれません。

こういう環境では、宰相を三年以上務めるというだけでも、とても難しいことです。まして四〇年も務めたという人はなかなかいません。その一点だけ取ってみても非常に素晴らしい。

なぜなら貴族からも民衆からも、すべての層から強く支持されていないと成し得ないことだからです。

支持基盤が広く強ければ、仮に政敵がいても相手は動きが取れません。

『史記』に現れる管仲

私は四〇歳くらいのときに『史記』を読んで管仲のことを知りました。すごい男がいるものだなと思いました。興味を持っていろいろ調べてみるとますます素晴らしい男、すごい男だということがわかってきました。

『史記』の作者はご存じのとおり司馬遷《しばせん》です。

司馬遷はちょうど紀元前一〇〇年頃に、中国で初めての歴史書『史記』を書きました。この『史記』はすごい歴史書です。

そこには古代の神話の皇帝の時代から、夏、殷《いん》、周、春秋戦国時代、秦の始皇帝、前漢の武帝までのことが書かれています。

この『史記』の中で、司馬遷は王家ではない管仲のことを「管晏列伝《かんあんれつでん》」、すなわち管仲と、管仲から一〇〇年後に斉の宰相に就いた晏嬰《あんえい》に注目した一篇で、さらにもうひとつ金儲けの特別うまい人の話を書いた「貨殖列伝」にも管仲を登場させています。

王家でないにもかかわらず、平民、一般の人間でありながら王侯並みの貴人になった人、富豪になった人として、管仲は『史記』の中でも別格の扱いを受けています。

司馬遷は『史記』の中で、管仲は斉という国に大変な貢献をしたと特別に取り上げて、管仲とはどういう功績のある人なのかということを詳しく書き、また別の項目で、管仲はいかに金儲けがうまくて国の特産物だとか、地の利を活かして金儲けしたか、国を富ませたかと力説しているわけです。

司馬遷は「貨殖列伝」のような、お金儲けで成功した人の話は、なかなか書かないので珍しいことです。

国教である儒教の始祖孔子と同格

司馬遷は、前漢における歴史を司る庁の長官、今の日本でいえば文化庁長官、いやそれ以上の立場の人です。

そこで自らの生涯をかけて『史記』を書きました。

司馬遷は『史記』の中で、管仲のことを書くにあたっては、当初、管仲のことはあまり気にしていなかった。しかし、様々な文献にあまりに多く出てくるので調べてみたところ、こんなに凄まじい男だったということがわかったと激賞しています。

それで特別に「管晏列伝」と「貨殖列伝」を書いたわけです。

もちろん『史記』には孔子のことも書いています。孔子のことが書かれた「孔子世家」の世家というのは、日本でいえば大名の家系の歴史に相当するもので、大名を表すのが世家なのですが、孔子だけは特別に王侯貴族に比肩するというところから「孔子世家」というところに書いているわけです。

なぜそうなるかといったら、前漢が儒教を国教にしたからです。

国教の教祖になったからです。

しかし漢王朝が儒教を国教としたにもかかわらず、司馬遷は管仲のことをものすごく褒めています。

孔子をはじめ孟子も韓非子も、その他の思想家でも、荀子だとか老子だとか中国の『諸子百家』の中の話に、管仲が出てこないということはありません。

『諸子百家』の思想家たちが認めざるを得ない人物だったのです。

それは儒教も道教も管仲に触れざるを得なかったからです。しかし、時代を経るに従い管仲が目立たなくなったのは、儒教が、つまり孔子・孟子が、管仲のことをあまりよく言わなかったからです。

複雑な孔子の管仲評

孔子は『論語』の中で三回も管仲について言及しております。

ただし、孔子が『論語』の中で三回も管仲を取り上げたにもかかわらず、『論語』を教える先生方は管仲のことを、孔子や孟子、韓非子や荀子、あるいは他の思想家たちと対比して述べる人はほとんどいません。

孔子は『論語』（八佾《はちいつ》第三）の中で、管仲という男は人物が小さいねと述べています。

その理由は何かといえば、管子は豪勢な邸宅を三つも持っていた、こんな贅沢をするような人は礼儀を知らない、礼に欠けるからというのです。

さらにその邸宅は、王侯貴族のような建て方をしている。門を入ったら門の正面には衝立《ついたて》、あるいは衝立になるような木が植えてある。王侯しかそういう建て方をしないのに、王侯でもない管仲がそういうことをしている。礼を知らない者だと追及しているわけです。

また、宴会をするときには、王侯貴族だけが杯を持って、その杯を置く特別な台があるのですが、管仲はその杯を置く台も設《しつら》えて宴会をやっている。これも、やはり礼を知らない者の振る舞いだと言って孔子は、管仲はほんとに人物が小さいねと批判しています。

ところが別のところ（憲問第一四）では、孔子は管仲をこうも評しています。

子貢という孔子の三大弟子のひとりが、管仲は二君にまみえたのでよくないと言ったところ、孔子はそれは狭い料簡の評価だと答えます。

管仲が最初に仕えた糾《きゅう》という公子が、弟の小白（後の斉の君主桓公）という公子に敗れ魯《ろ》の国で死刑になったとき、管仲とともに公子糾に仕えていた召忽《しょうこつ》という人は殉死しました。

一方、管仲は殉死せず友人の鮑叔《ほうしゅく》によって助けられ、かつての主人を殺した小白の部下となり、そして斉の宰相になります。

儒教は二君にまみえるなと教えているわけですから、子貢はこんなのはダメだ、二君にまみえているじゃないかと言ったわけです。

しかし孔子は、いやそれは違うと予想外の答えを返しました。

ここが複雑なところですが、孔子は管仲がいたから中国は外敵、夷狄から滅ぼされずに済んだ。もし管仲がいなかったら、今頃我々は突厥《とっけつ》や匈奴《きょうど》といった夷狄にやられて、漢の文化は失われ、髪もボサボサに乱れた人間になっていて、服も左前になってしまっていただろうと言います。

中国の服は右前で、私も中国に行ったときいいシャツがあるなと思ったら、日本とボタンの側が違うという経験をしたことがあります。

認めざるを得なかった管仲の力量

つまり、孔子はいま我々がこうやってちゃんと生活ができるのは、管仲という立派な政治家がいて、斉の国が覇権を取って中国全体を守ったからだというわけです。

斉の国の次男と三男の喧嘩で、三男が勝って次男が負けた。次男の部下に管仲と召忽がいた。召忽は負けて殉死したけど、負けたからといって殉死してどうなる。管仲の大義は斉をちゃんとした国にすることだ。その斉をもって中国全体をまとめ、外敵の侵略を防ぐことこそ大事なことである。

そして管仲は見事にそれをやり切った。中国全体を守ることに比べたら、殉死というのは小さなことじゃないかと孔子は言うのです。

『論語』は五一二の真に短い句からできています。

この五一二のうち、直接言及したのは三句ですが、間接的には一五から二〇句を使って管仲のことを書いています（数え方によっても異なりますが）。『論語』の三〇分の一くらいで管仲のことを書いているのに、『論語』の専門家の多くは管仲について何も言及していません。これは本当におかしなことだなと、私は若いときからずっと思っていました。

お金は民を幸せにするためには非常に有力な手段です。だから国のトップは、財政に精通しないとダメだというのが管仲の思想です。

一方、儒教はお金というのは汚いものだと教えます。

孟子に言わせると倫理観、人徳、そういうものが最優先で、お金は劣後という扱いとなります。その結果、その教えを守った徳川幕府は時代が進むに従い財政を悪化させ、明治維新直前には日本中の武士が借金だらけとなってしまいました。首が回らない状態です。

誤解のないように言っておきますと、私は『論語』を貶《おとし》めようというつもりはありません。本講義では管仲の『管子』と孔子の『論語』、孫武の『孫子』と三つを取り上げていますが、三者は鼎立《ていりつ》であってそれぞれ尊敬すべきと思っています。

ただし、その見方はいろいろ多様であると考えています。

今の世界と一緒です。

二一世紀の世界の多様な価値観と多様な見方、すなわち管仲と孔子を対比しつつ多様性について言及しているわけです。

それが、組織の中の重要なポジションに就いておられ、これから人生百年の時代を乗り越えて行こうとしている指導者にとって、参考になるのではないかという思いで縷々《るる》述べています。

徳を磨くとは、必ずしも一つの見方にこだわることではありません。

中国の思想家は例外なく『管子』に影響を受けている

管仲に影響を受けたという点では、中国の思想家はほぼ全員が該当します。

みんな管仲に影響を受けていますが、影響を受けた結果は千差万別で、振れ幅は非常に大きい。

影響を受けていながらあえて無視する人もいます。

管仲の実績は認めながらも、こんなことは自分には絶対にできないと思って、自己防衛のために無視してしまう。こういうパターンが大半です。

試みに何人か、管仲に影響を受けた歴史上の人物を挙げてみましょう。

『三国志』に登場する蜀《しょく》の諸葛亮孔明、魏《ぎ》の曹操もそうです。『三国志』は後漢の黄《こう》巾《きん》の乱から三国時代を舞台にした歴史書で、豪傑が大活躍し映画やドラマになっている『三国志演義』の原典となっています。

孔明も曹操も人材重視の政策を採り、中でも曹操の大規模な人材募集活動は有名です。国力は人材力であるという認識は『管子』から得たものでしょう。財政を重視する姿勢も管仲に倣っています。

『三国志』前半の舞台は後漢王朝末期です。漢には前漢と後漢があり、前漢と後漢の間に新という国に簒奪《さんだつ》されたこともありました。

その前漢・後漢の国教が儒教です。それなのに、不思議なことに『三国志』を読んでいて孔子の名前は一回も出てきません。なぜでしょうか。

『三国志』の時代は乱世です。曹操が治政の能臣、乱世の奸雄《かんゆう》と言われた話は有名ですが、まさにその乱世の渦中でした。

『三国志』にも顔を出す管仲

『三国志』に孔子のことが出てこないのは、乱世のときに儒教は役に立たないと思っていたからではないでしょうか。儒教というのは国が磐石《ばんじゃく》の形になって、さあ体制を固めるぞというときに、反乱を起こさせないための教えだったのです。だから反乱に次ぐ反乱の時代には無用の教えだったのではないか。

私はこのような解釈をしています。

私は『三国志』が好きで、小学校六年生くらいから何回も読んだのですが、『三国志』の中に儒教や孔子のことが一回も出てこないのはどういうわけだとずっと疑問に思っていました。

一方、『三国志』の中で出てくるのは管仲です。管仲は夜も昼も寝ないぐらい勉強していました。

何を勉強していたかといったら国家の予算、帳簿を毎日見ていたのです。『史記』にも出ております。「管仲よく」、よくというのはしばしばという意味で「よく国用を会す」とあります。

「国用」というのは国の用事で、国の用事というのは財政のことです。国用を会すの「会す」とは会見の「会」で、会うということ。つまり「会す」というのは見るということになります。

つまり「管仲よく国用を会す」というのは、管仲は頻繁に国家財政を細かくチェックしていたということです。

大人の陥穽

中国の漢以降の宰相は、君主から「これはどうなっている？」と問われても、それは知りませんと平気で答えます。

「お前、何で知らないのか」と聞かれても、「そういう細かいことは、宰相は知らなくてもいいんです。部下に聞いてください」と言って、平然としていました。「宰相、審《つまび》らかなことに関知せず」というのは大人《たいじん》の徳だったのです。こうしたことは不思議に思われることでしょう。

現代でも、そういう社長がいたり部長がいたりしないでしょうか。それでいて、自分はスペシャリストではない、ジェネラリストだと胸を張る。

日本の官僚にもそういう人がいて、二年くらいで次々に異動していって、結局実務は一つも知らないまま立場だけとんとんと上がっていく。

これは儒教のつくった大人のイメージが影響しているのかもしれません。名目のみの経営者、キャリア官僚です。

組織のトップへ行き着くまでの出世街道、キャリアが決まっている会社というのは、これからの時代においていて、どんどん潰れてしまう気がします。

トップには実践能力がなければいけません。

我々はいつAIを入れないとダメか、DX（デジタルトランスフォーメーション）しないとダメか、それらを全部、下の者に聞いてくれと言っていたら、会社は瞬く間に傾いてしまいます。

何かシステムにトラブルが起きたら、どこが悪いのかトップはわかりもしないということではまったくダメなのです。

現場力はいつの時代も必須なのです。

そしてその実践能力の中でも、将来を決するような展望能力、つまり洞察力が特に重要となります。

諸葛亮孔明は、死ぬまで自ら国用を会していました。病の床にあっても帳簿を見続けていたのです。

財政が国家の存亡を決するからです。

罰した馬謖の過去の功に報いた孔明

宰相が実践すべきは、財政だけではありません。

詳しくは後述しますが、管仲は「賞罰は最高の徳である」と言っています。自分の組織の中で貢献のあった者は、どんな小さなことでも、その人物がどういう立場であっても、必ず褒めて賞を与えなければいけないとしています。

逆に、どんな小さなことでもダメなことは、きちんと指摘して罰しないといけない。賞罰、すなわち賞と罰を明らかにすることが最高の徳であると言っています。

どんな小さなことでも人任せにしない、疎《おろそ》かにしない。なぜなら「賞罰明らかなるは、すなわち徳の至れるものなり」だからです。

『管子』でこういうことを勉強していた諸葛亮孔明は、自分の一番の部下で、最高の後継者と思っていた馬謖《ばしょく》が、自分の与えた注意を守らず魏に大敗を喫して帰ってきたとき、泣いて馬謖を斬りました。

そして、その後に管仲と同じことをしています。

昔は斬首刑にあった者の一族は、九族、九親等まで全員殺されました。残った一族の末裔《まつえい》に、復讐されることを恐れたわけです。

太閤秀吉が、一度自分の後継者に指名した人を殺したとき、九族をみんな四条河原で打ち首にしてしまった。それと同じです。

だが管仲はそういうことをしなかった、孔明もしなかった。

孔明は、馬謖の遺族に遺族年金手当をやって、その子供や家族の生活がずっと成り立つように配慮しています。

それは、今までの馬謖の功に報いるためです。

唐の太宗李世民は管仲がお手本

唐の二代目の皇帝・太宗は李世民《りせいみん》という人です。李世民の治政は「貞観《じょうがん》の治」といって善政の見本のように言われています。二三年にわたる治政で唐の繁栄の基礎を築きました。

先述したとおり管仲が仕えた桓公は、小白と呼ばれていた時代に、兄の糾を殺しています。そして糾の家来だった管仲を宰相に迎えました。

唐の太宗李世民は、彼も次男なのですが、長兄を殺して自分が後継者になっているわけです。それで諫議《かんぎ》大夫として太宗李世民を支えてくれた有名な魏徴《ぎちょう》は、元は兄の第一の参謀でした。これは桓公と管仲の関係と同じです。

魏徴は主であった李世民の兄に進言し、弟の李世民が必ずあなたを殺しに来るから、先にあなたが彼を殺してしまいなさいと進言していました。ところが李世民の兄は、そういうことはできないと逡巡《しゅんじゅん》してしまい、最後は弟にやられてしまいます。

管仲も主であった公子糾に、弟の小白を殺さないと危険だと言って、小白が帰ってくるときに待ち伏せし弓矢で暗殺を試みます。矢は小白の腹に当たり、小白はその場に引っくり返ってしまいました。

しかし、それは偽計だったわけです。

矢は確かに腹に命中したのですが、当時彼らは頑丈な革帯を腹に巻いており、金具で帯を留めていました。

矢はその金具に当たったため小白は死を免れたのです。

しかし、そのとき小白は即座に死んだふりをしました。そして、その次の日にすぐ立派な棺桶を用意し、お供の者たちがうなだれながら、粛々と棺桶を担いで国に帰るという芝居を打ってみせました。

管仲はそこまで確認して、小白は確かに死んだと主の糾に報告しています。

弟小白の暗殺に失敗した管仲の主・公子糾は、その後斉の君主となった弟によって殺されてしまいます。

中国王朝の歴史は常に冷酷です。

唐の太宗李世民もそれとまったく同じで、李世民は兄を殺して皇帝の地位に就きました。斉の桓公と唐の太宗はまったく同じタイプなのです。

ただし両者とも優れた重臣に支えられ、いずれも良い治世を行いました。

江戸幕府の治政も手本は管仲

このときの話を本にしたものが日本にも伝わっていました。『貞観政要《じょうがんせいよう》』です。

そして、それを勉強したのが北条政子です。北条政子は女性ですから、平仮名に訳して私に見せてよと、その本を持ってきたお坊さんに言っています。

NHK大河ドラマ『鎌倉殿の十三人』にも北条政子が出てきましたが、実際はあんなやわな女性ではなかったのです。もっと戦略的でした。中国古典を学んでいましたから。

日本にも凄まじい女性がいたものです。

同じ本を徳川家康も読んでいます。しかし家康は他人に見せなかった。貞観の治世を書いた『貞観政要』には、管仲のことが非常に多く書いてあります。李世民と魏徴にとっては、管仲は自分たちと境遇が似ていますから書いているわけです。

それによって、家康は管仲のことを知って、徳川幕府は管仲の政策を数多く採用しました。

たとえば管仲の行った行政単位の制定。五戸を一単位にしてこれを伍とし、伍が二つで連、連が五つで暴、暴が五つで郷、郷が四つで都となります。

郷にはひとりの長がいますが、郷から下はそれぞれが自己管理します。

これが人口を管理する行政単位でした。管仲はこのほかにも行政単位を定めています。

土地　六里四方で一単位＝暴、五暴で部、五部で聚

金　金一鎰《いつ》は百乗の人馬一日分の費用（金二〇両）

絹　季絹三十三制（金二〇両）

国内の度量衡を最初に制定・統一もしています。始皇帝の四〇〇年前のことです。

徳川幕府も、江戸時代に五人組を制度化し自己管理させせました。

自己管理というのは、何か病気をしたら、怪我をしたら五人組がお互いに助けてやれよ、お葬式になったらみんなで助け合えよ、五人組が主体になってやれよといった仕組みのことです。

この五人組制度は、元は管仲がつくったもので、おそらく徳川家康は二三〇〇年くらい前に管仲がやったことをお手本にしたわけです。

士農工商は士農商工が本家

江戸時代には「士農工商」という制度がありました。

この士農工商も元は管仲が考えたものです。ただ、管仲は士農工商とは言わず「士農商工」と言っていました。大工・工芸より商売のほうが上でした。

士は、侍すなわち支配階級ですから最上位にあります。農は農民、管仲の時代も家康の時代も、時の主要産業は農業です。

農といっても中国の農は日本とは違います。中国の農は森林業や牧畜も含み、羊や牛、馬や豚など、いろいろな家畜がいました。農作は五穀。稲、麦、稷《あわ》、黍《きび》、菽《まめ》でした。

そういう農作と牧畜と森林業と併せて重要視していました。

だから士の次には農とくるわけです。国の基はなんといっても農業が一番。その次が商業でした。お金は汚いものなどというのは、元々なかった考え方です。

いまだに日本人は、投資はダメだと思って貯金ばかりしています。日本人のお金に対する偏見が、ここ三〇年、四〇年、世界から取り残された原因の一つになっていると私は思っています。

徳川幕府も儒教思想の下、お金というのは汚いものだという観念があって、城を建てたり橋を架けたりする工業の分野を商業の上に置き、士農工商としました。しかし本来は士農商工だったわけです。

徳川幕府は五人組や士農工商の制度を施行しました。何もないところに、そんなことを急に考え出せるわけがありません。私は、家康は二三〇〇年前の管仲から、その発想を取り入れたに違いないと考えています。家康の柔軟性は見事としか言えません。

商売人は商売人、大工・工芸家は大工・工芸家を集めて街をつくる。家康が江戸に持ってくるときは名古屋や近江の商人たちを江戸の商人の町に住まわせ、武家の町、技術者の町といったものもつくって効率性を上げました。

これはすごいことなのですが、我々は家康と管仲を関連づけて考えようとはせず、その背景に何があるかに思いが及んでいませんでした。

『管子』を他人には教えなかった家康

上杉鷹山や二宮尊徳も、やはり農業を第一に考えていました。その中で鷹山も尊徳も、倉に米を二年分三年分蓄えることを義務とし、これを見事にやってみせたわけです。

叢林《そうりん》を満たすことを何よりも優先していたのです。

鷹山などは、人材を育てる、木を植える、灌漑《かんがい》をやると管仲の言ったことそのものを忠実に実行しています。

しかし当時は儒教の時代です。徳川家康でさえ管仲の影響力を表には出さず秘匿し続けたと私は考えていますから、鷹山にも尊徳にも管仲の影は見えません。

君主が君主らしくなかったら、下は君主の言うことなんて聞かなくなる、それが当たり前の世の中になるのだから、君子はくれぐれも言動に気をつけるべきだと、管仲が桓公に言ったようなことが表に出てきてしまったら、支配者である家康は困ります。だから、そういうことは一切表へ出さなかった。しかし取るところはちゃんと取っていた。賢いと言えば賢いやり方です。

上杉鷹山は春日大社、自分の祖先を祀る祖廟《そびょう》の神社に誓詞を提出しています。

その第一番に自分の国（米沢藩）の農民には、父親母親になったつもりで思って接します。それを生涯誓いますと、そういう誓詞を出しているわけです。そんな大名はいません。

おそらく一四歳のときから習っていた、細井平洲《へいしゅう》という漢学者に教えてもらったのではないかと私は思っています。

自分の領民は武士ではありません。身分のまったく違う領民の父親母親のつもりで、その人たちに接しますという思想はこの時代にあっては奇跡的なものです。

それゆえ、まだ藩が立ち直らない段階で天明の大飢饉《ききん》が来たとき、上杉鷹山が何をやったかというと、このときの米の単価は普段の三倍から四倍に高騰していたのですが、新潟や堺から米一万俵を買い入れて自分の領民にタダで配りました。

これも『管子』を読んでいないとなかなかできないことです。

こういうことは儒教には絶対に書いていないため、『論語』を読んだからできたということにはなりません。二宮尊徳も飢饉が来たとき、小田原藩の国家老に掛け合って藩の倉から米を全部供出させています。

刮目すべき二七〇〇年前の国家観

管仲の国家観は経済力こそ国力の源泉、人民こそ、人材力・民力こそ国力の源泉、そして人民の活性度、元気さこそ国力の源泉だとしています。貴族だとか支配階級ではなく、人民を基本に据えたのです。

1. 経済力こそ国力
2. 人材力こそ国力
3. 民の活力こそ国力
4. 統率力こそ国力
5. 道徳心こそ国力

ここに武力ということをあえて出しておりません。

斉の桓公は戦争をしたがっていました。君主は、自分の徳を高めるために何をするかといえば、戦争で勝ってみせることが徳の一番の発露、発揮の方法だと思っているわけです。ウクライナ戦争において、今でもプーチンはそう思っているに違いありません。

しかし管仲の口からは戦争という言葉がほとんど出てきません。プーチンに聞かせたいですね。

国防を失念していたわけではありません。

この管仲の国家観の肝は次の二点です。

道徳心がなくて国を富ませること、これは犯罪である。
逆に経済力のない道徳ということ、これは寝言である。
管仲の国家観は、みなさんが所属する組織にも通じることです。
経済力こそ国力。国力とは、国の利益。会社の利益こそ企業力であるとなります。そして会社の人材力こそ企業の力です。みんなが元気で働いている、従業員の活性化こそ企業の力であり、会社のトップ、あるいは部・課のトップの統率力こそ、その組織の力であるとなります。

そして、そこですべてを通じて言えるのは、これに道徳心がないとダメだということです。

今の日本の企業の道徳心のなさはいったい何かと思います。私は本当にけしからんと思っています。この惨状は何事か。

経営者全員に管仲のことを話したいくらいです。

経済を軽視した孟子の管仲論

経済重視が基本である管仲のことを儒家たちは、お金のことばかりを言って道徳とか徳目、徳望のことを言っていないと批判したがります。

孟子もそうです。話をするのも、管仲という字を見るのも嫌だと彼は言っています。しかし、管仲は拝金主義者でも守銭奴でもありません。

そんな卑しい思想の持ち主ではないのです。

管仲の思いは民衆の豊かさ、経済力こそ国力だ。その国力だって、道徳心がなくて達成されたのではこれは犯罪に等しい。これはやっちゃダメだ。ただし経済力がなくて道徳、道徳と言っているだけでは、夢物語にすぎないと言っているわけです。

現代にも当てはまることで、今の北朝鮮というのは、人民が飢えているのにミサイルをつくってどうするのかと思います。

とはいえ、管仲は武力を軽視していたわけではありません。

民が意気軒昂《けんこう》でお互いの意思疎通がうまくいって、国のためにという集中力があったのならば、軍隊を構成してもその軍隊の意気は天を衝く勢いになる。これが軍隊の強さなのだと管仲は言っているわけです。

事実、管仲は桓公の下で戦争をやって負けたことがありません。

しかし勝ち方がうまく、相手にちゃんと華を持たせる形で和平を実現しています。相手を亡ぼすような勝ち方はしていないのです。

政治家管仲の大徳

管仲はなぜ四〇年間も宰相、総理大臣の任を続けることができたのか。

その答えは君主、貴族、将軍、それに庶民からの篤《あつ》い信頼があったからということになります。とりわけ君主である桓公からの信頼は揺るぎないものだったと思います。

そもそも管仲にとって桓公は仇敵《きゅうてき》だったわけです。

先述したとおり、管仲は仕えていた糾という王子のために、桓公の暗殺を企てました。しかし暗殺は未遂に終わり、仕えていた糾は逆に処刑され、自分も処刑を待つ身でした。

しかし桓公はそんな管仲を臣下に迎え入れます。

それは管仲の若いときからの親友鮑叔の推薦があったからです。鮑叔は桓公の重臣だったのですが、桓公に「私は今まであなたに仕えてきましたが、あなたがこれから一国の主としてやっていくためには私では手に負えない。私の友人の管仲を参謀にしなさい、宰相にしなさい。私はその管仲の下で働きますよ」と言って管仲を推薦しました。

桓公は（当時は小白ですが）最初、素直に納得できなかったのですが、「わかった、そうする」と言って、死刑にしようかと思っていた管仲を呼んで、自分の宰相になってくれと告げました。

このとき、管仲はどういう返事をしたと思いますか。

管仲はそう言われても困る、私の問題よりもまずあなたの問題だと答えました。

あなたは今、弱小国の王だ。世の中は周の末期で乱れ、小さな国が並び立っていて混乱するばかりである。

ここであなたは覇王になって、世の中を治める気概はあるのかと桓公に問います。

覇王になる気持ちがあるのであれば、私はあなたの宰相になって粉骨砕身、斉のために働きましょうと言います。

しかし桓公は身内の相続争いが済んで、やっと王になったばかりです。

いや、自分はそんな大それたことは考えていない。斉という国を守っていきたいだけだと答えました。

それでも何とか宰相になってくれと管仲に言ったところ、管仲はそれではダメです、そんな志の低い王の下にはおれないと、たちまち出て行こうとしました。

宮殿の門を出ようとしたときに、桓公の側近が走ってきてもう一回、何とか戻ってくれと頼むので、管仲は戻ってきて拝礼をし直し、何でしょうかと改めて言いました。桓公は「俺は覇王になると決めた。だから助けてくれ」と援助を請い、管仲も「わかりました」と引き受けることになりました。

呼ばれてホイホイやってくる人は信用できない

人を採用するときに、声をかけられると二つ返事で引き受けてホイホイどこにでも行くような人は、大したことはありません。

自分は何を求められているのか、あなたの会社がしたいことは何か、私はそこで何をなすべきか、それを互いにはっきりさせないまま採用するのが日本の悪しき慣習です。

昔はそれでよかったのかもしれませんが、今ではそういうことをやっているところは、なかなかうまくいかないのではないでしょうか。

今は会社法で定められているため、一定以上の会社は社外取締役を複数以上、独立取締役として置かなければなりません。

しかし、取締役になってくれませんかと言われて、その会社の定款も読まず、財務諸表も見ずに自分に課せられている役割の確認もせずに引き受けてしまうのは、途轍もなく無責任で浅はかなことです。

自分に何を求められているのか、あなたの会社の財務諸表を見せてもらいたい。こういったことを要求しないのは、ただ報酬を得たいだけなのではないのかと思わざるを得ません。

管仲の四〇年間におよぶ宰相任期を支えた桓公と管仲の信頼関係は、このときにつくられたのだと私は思っています。

斉の新しい王に、こんなことを言って出て行ってしまったら、即座に殺されてしまっても仕方がありません。それでなくても管仲は、一度桓公の命をねらった前科があるのです。

申し出を断るのは命がけです。

管仲はそれくらいの覚悟をしていました。その覚悟は、糾が死んだときに召忽という管仲の友だちが殉死したとき以上のものだったのではないかと思います。

やはり管仲はただ者ではなかったわけです。

これが、私の最初に述べた私利私欲がないということと、将来の洞察力と実践力です。管仲は、この三つを体現して見せているのではないのかと思います。

場所が違えば物の値段が違います。また、物の多い少ないによっても物の価値は違ってきます。

私は、この経済原理を最初に見つけた人は管仲だと考えています。そしてそれを定量的に計って儲けたのも管仲です。物資を移動することによって国を富ませた最初の人なのです。

日本に卑弥呼《ひみこ》が現れる九〇〇年も前にこんな人がいました。

また、蓄財をすることが、そして人民を富ませることが外から人を集める、他国からどんどん人が来る、呼び寄せるということも知っていました。

管仲が言うには富んだ国、豊かな国は外から人が入ってきても、人が外へ逃げていくということはあり得ないということです。

日本でも江戸時代まで、税金をたくさん取って苦しくなってきたら領民が逃散《ちょうさん》しました。農民が逃散してしまうと田畑は荒れ果て、廃村になります。

税の重いところでは、農民は作物をつくっても領主に収奪されてしまうから、税金の軽いところに逃げていってしまうわけです。

管仲の出生は、はっきりしないのですが、生まれたところから外へ出ていって諸国を回り、大変な貧乏を経験しています。そのときにどこかで鮑叔に会い、鮑叔は割と金持ちの家の士大夫の次男か何かでしたが、そこで一緒になったわけです。

この経験から、管仲は豊かな国には人は集まってくるけれども、豊かでなかったら人は逃げていってしまうということを身をもって知ったのです。

また、そうした実体験から、戦争のときに軍隊を編成しようという段になれば、どういう国が勝つか、人がたくさん集まってくる国が勝つのは当たり前でしょうと述べているわけです。

下情に精通した管仲の政策

管仲は、自分が若いときに苦労して流浪していたものですから、民が望むことは何かをよくわかっていました。

管仲は宰相となって、民の望むことをやって、民が嫌うことはやりませんでした。民の嫌がることはやめてしまいました。

これは「管晏列伝」だとか「貨殖列伝」に載っているわけです。ただし、こうした施策を実行するのは、今日でも簡単なことではありません。それを今から二七〇〇年も前に実践したのですから、大変なことだといえます。

やや余談になりますが、日本でも農村の百姓一揆だとか、逃散というのはたくさんありました。日本の時代劇では、農民を搾取する悪役が代官であることが多いのですが、日本の代官で悪いことをした人はほぼいないのです。

代官は幕府の直轄の役職で品行方正であること、そして知識、知恵を実践に移す人です。基本動作は領民のためにやる。それから私利私欲がない。どういう国が理想か、理想の幕府か。そういうことをわかった人間が厳選されて代官になっています。

韓国の時代劇はメチャクチャのようですが、日本の時代劇も本当にメチャクチャです。日本の代官は非常に品行方正で、民が嫌がるようなことはしません。

話を戻しますと、管仲は民が望むことをやって、民が嫌がることをやらなかったからこそ、その施策は農民、一般の人民まで自然に理解されていくのです。

知識が水の高きから低きに流れるように、非常に滑らかにその威令、指示が行き渡りました。

ところが儒教（『論語』）にはこんな言葉があります。**「民はこれに由《よ》らしむべし、これを知らしむべからず」**。民というのは国の権威、国の姿勢、政治になびくように、懐《なつ》くようにしないといけない。人民は政府の施策に寄ってくるようにしないとダメだと言っています。

しかし人民に遍《あまね》く知らせる、理解させるということは非常に難しい。難しいのだから、あまり知らせなくてもいいと言っているわけです。

日本人の感覚からいったら、ちょっと無理な解釈じゃないかとも思いますが、そう言っています。

人民というのは、我々の言うことを聞くようにしないとダメだけれども、内容を知らせる必要はない。

儒教と管仲で対比してみると、いかに違うかということがわかります。

漢王朝以降の中国の王朝にせよ、徳川幕府にせよ、儒教の教えのほうが自分たちに好都合で、それに比べ管仲の政策では自分の首を絞めることになり困るということがよくわかったはずです。

だから『管子』というのは、端《はな》からないことにすれば非常に簡単なので、みんながみんな黙殺したということになるのではないでしょうか。

「予うるの取りたるを知る」を実践した管仲

管仲の人民政策というのは「予《あた》うるの取りたるを知るは、政の宝なり」にあります。政府が、国が、人民の奉仕によって何かを得たいと思うのだったら、まず人民に与えよ。先に与えよと言っています。

取りたいと思うのだったら先に与えよ。これが政治の根幹である、秘訣だぞとこう言っているわけです。

飢饉のときには、食べる物に困って種籾《たねもみ》まで食べてしまう人が多く出てきます。しかし種籾を食べてしまったら、次に春が来ても米も植えることができません。豆も植えられない。

そのときのために国は、種籾だとか豆などの種苗を非常用として持っていなければなりません。民に種がないときには、政府がタダで供出する。

タダで与えて、後に収穫したら、そこからきちんと返してもらいなさいと言っているわけです。

それなのに、種籾は渡すが借金だぞ、金利はいくらだぞと言ったら、その金利と借金という重みに耐えかねて農民は逃散してしまいます。

それでは元も子もないじゃないかと管仲は言っています。だから「予うるの取りたるを知るは、政の宝なり」となるのです。

これは非常に重い言葉です。ギブ アンド テイクであって、テイク アンド ギブではないのです。

美点凝視は人材育成の原点

みなさんも組織の長でしたら、何かと欠点が目につく部下もいることでしょう。

ですが、ダメな上司ほど部下の欠点を見つけるのがうまいというのが、私の今までの勉強の結果です。欠点を暴くばかりではダメです。しかし欠点が目につくのは、これはしようがない。それでも解決方法がひとつあります。

その人の欠点を直そうと思ったら、必死になってその人の長所を見つけなければならない。そうしなければダメです。

まず長所を見つけてから、注意しようと思う一週間くらい前に、「あなたはこういう長所もあるね」と言っておきます。

そして一週間後、みんなの見ている前であなたはダメだ、これを直さないといけないと言って今度はバッと叱る。

そうすると叱ってもその叱られたほうは、「うちの社長は昨日俺をみんなの前で叱ったけど一週間前に俺を褒めてくれた。あっちのほうが本当だろう」と思っていますから、叱られた事実は受け止めても心はへこみません。

管仲の話との関連で言えば、やはり人に何か先に与えることが大事です。先に安心感を与える、敵意がないことを先に知らせると、同じ叱るにしても効果が違います。

管仲の言動は二七〇〇年前の話なのですが、今日にまで伝わっていて、現代にもそのまま当てはまる言葉がものすごくあるわけです。

しかしながら、管仲の残した言葉は、頻繁に使われているにもかかわらず管仲自身は評価されていない。知られてもいない。

こんなにもったいないことはありません。

倉廩実つれば礼節を知る

「およそ地を有し民を牧する者は、務め四時に在り、守り倉廩《そうりん》に在り」。

「およそ地を有し」というのは、土地を、荘園をたくさん持っている士大夫のことです。

土地をたくさん持っている者、そこで働く人民をたくさん抱えている者であり、すなわち領主は「務め四時」である。「四時」とは4《フォー》シーズンズ（四季）ということです。

領主自ら春・秋・夏・冬、その時々に必要な仕事、務めをちゃんと果たして、その結果として五穀倉廩を十分に満たしておけと言っているわけです。

これが領主の務めだぞ、民を大事にするのが務めだぞと言っています。

この「倉廩」という言葉の「倉」とは食糧の倉のことなのですが、四角いのです。丸いサイロみたいな倉ではなく、長方形か正方形かは知りませんが、とにかく四角い倉のことを「倉」と言うわけです。

「廩」とは五穀のことです。

五穀とは稲・麦・稷《あわ》・黍《きび》・菽《まめ》のことですから、領主は食糧倉を五穀でいっぱいにしておけと管仲は言っているわけです。

「倉廩実つれば」とは、その食糧倉庫がいっぱいになっていれば人民は礼節、礼儀と節度というものをちゃんと理解するようになる。その結果として着るもの、食べるものに困らないようになれば、すなわち名誉だとか栄誉だとか恥辱だとか、そういうものを知るようになると言っています。

先述したように、礼節だとか栄辱というものを一所懸命言ったところで、民を豊かにする経済力がなくては、そんな余裕はないので夢物語で終わってしまう。寝言に過ぎないと言っているわけです。

貧すれば鈍すで、会社が左前になったら不正をしてでも儲けようとしたくなる。そんな状態で、礼節だのコンプライアンスだのといくら言ったところで、寝言に近い話で効果は薄い。まず会社が儲かるようにしないとダメだということです。

しかし、儲かるようにするために詐欺みたいなことをしたり、やるべき検査もしない、人件費をやたら削る。そんなことをして儲けても、これは犯罪だぞと管仲は言っているわけです。

二七〇〇年前のことが二一世紀に通じるというのは、本当にすごいことだと思います。

第二章

二一世紀の世界のリーダーが手本とすべき管仲の言動

管仲

諱《いみな》は夷吾、字は仲（出生不明～ＢＣ六四五年没）。

春秋時代の斉の政治家、思想家。はじめに斉の公子糾に仕え、後継を公子小白（後の桓公）と争って敗れるも、親友鮑叔の推挙により桓公に仕え宰相を務めた。

斉の行政、経済システムの改革を行い富国強兵化に大きく貢献。対外的には周辺諸侯と会盟を結び桓公を覇者とし、北方の夷狄、南方の楚《そ》など外敵の侵入を防ぎ中原《ちゅうげん》の諸国を守った。

「君、君たらざれば、臣、臣たらず」

中国の古典、ギリシャの古典、ローマの古典などいろいろありますが、その中で『管子』を書いた管仲が、やはり一番優れたリーダーの見本であると私は思っています。

孔子も、もちろん立派なのですが、孔子は世界一の教育者です。

管仲と孔子を比較することは、次元の異なるものを比較しているようなものだと思っています。

管仲がなぜ立派かというと、徳望とは何か、どうすれば徳望が得られるかを明確にわかっていたからです。

リーダーたる者は周りの、社会の、あるいは組織のために何をすればいいかということを学ぶ。その高めた知恵と知識を実践する能力が第一。

二番目には私利私欲がないこと。

三番目に組織のリーダーですから将来、国があるいは企業がどう変わり、自分の家族が、自分自身がどう身を処していくべきかという洞察力を持つこと。これがリーダーたる者の徳望です。

リーダーの徳望を磨くというのはこの三つではないかと考えております。

常勝無敗の宰相が求めた人材の要

管仲は非常に立派な政治家で、今で言う経済学者でもありました。そして軍略家でもありました。

軍師よりも一段上のレベルの軍略家であったと思います。

実際、管仲は四〇数年間の宰相時代に戦争は一回も負けておりません。とりわけ戦争をしない、しないで勝つというのが彼の軍略でした。

そして、思想家でもあった。礼・義・廉・恥、この四つが組織の、国の一番大事な徳だと言っているわけです。

その中の「義」ですが、「義」というものは、正義の「義」、義理の「義」、義務の「義」であって、「義」は管仲の前の中国の古典に出てきません。

管仲の後一六〇～一七〇年のうちに、孔子や老子、孟子が、「義」というものを盛んに使うようになってきました。

管仲は、今で言えば企業、組織の中で一番重要なのは人材だと述べています。人材といったときに、特に経営者が誤解するのですが、自分のことは忘れてしまって「自分の会社に優秀な人はいない」とよく言います。

そんなことはあるはずがありません。経営者は、社員が能力を発揮しやすい環境をちゃんとつくっているかと、自問することが先です。

どんな優秀な人間でも、一〇〇〇回判断したら一回や二回は必ず間違います。一方どんなに自分はダメだ、人より劣ると言っている人間でも一〇〇〇回判断して、一回や二回は社長より優れた答えを必ず出します。

したがってリーダーは、やはり多くの人の話を聞かないといけないのです。

管仲の人材重視論の一番の焦点は君主です。トップの人材が一番大事だと言っています。この思いが「**君、君たらざれば、臣、臣たらず**」に込められているのです。

君主が君主らしい行動、すなわち判断もせず、行政も行わないのに、部下にいい臣下になれと言ったって、それは無理な話です。

君主がダメだったら臣下は臣下たる能力を発揮、あるいは行動をとるはずがない。したがって、君主が一番に君主らしくせよと言っているわけです。

これからポジションが上がっていく人にとっては、これは本当に重要なことだと思います。

トップがトップらしくないのに、下に向かって優秀な部下になれなんて、それは無理だよというのは、管仲が桓公へ常に言っていた言葉です。

司馬遷が絶賛した管仲

世界史的にも著名な歴史書『史記』の著者、司馬遷が、『史記』執筆中に最も感心した人物が管仲です。

司馬遷は自分の意見、これは当然の意見だったのですが、武帝の不興を買い、俺を侮辱する気かと言われ死刑を宣告されました。

死刑の一番の防御策は宮刑、要するに生殖能力を取られてしまう宮刑という罰があったのですが、これは死刑よりも恥ずかしいことで、貴族であれば到底受け入れられるわけがない刑罰でした。

死刑が怖くて宮刑を受け容れるなんてあるはずのないことでした。

しかし、歴史を残したいという大志のある司馬遷は甘んじて宮刑を受け、誰からも相手にされなくなっても、『史記』を書き続けました。そういう環境の中で、司馬遷は大望を抱いて畢生《ひっせい》の大作を完成させたわけです。

後日談として、武帝が最後に自分の一番頼りとする役職、すなわち秘書官長を誰にするかといったときに、武帝は司馬遷を指名しました。

司馬遷は、孔子、韓非子、荘子や、この後の章で詳しく述べる「孫子の兵法」を書いた孫武など、いろいろな人のことを書いていますが、管仲に一番感激したと言っています。

儒家の管仲否定

管仲の時代から四〇〇〜五〇〇〇年の後、前漢の時代に孔安国という人——孔子の一二代目の子孫ですが、このときに前漢は儒教を国教としました。

したがって儒教を勉強した孔子のずっと後の時代の弟子たちが、前漢にものすごく登用されたわけです。

孔安国というのは当時の儒家ナンバーワンでした。

その儒教のトップだった人が、どういうことを言っているかというと「君、君たらずと雖《いえど》も、臣、臣たらざるべからず」と、恐ろしいことに管仲の言葉がこんなふうに変わってしまいました。

管仲の言った「君、君たらざればすなわち臣、臣たらず」が、君主が君主に相応しくない政のやり方をやったとしても、まちがった君主、どうしようもない君主といえども、臣下は臣下の本分を尽くすべきだと改変されてしまったのです。

こんなことを言ったら、儒教は国教に採用されて当然です。

君主に対するはずの戒めが、臣下への一方的な戒めに変わった。恐ろしいことです。徳川幕府も儒教を国教にした。藤原惺窩《せいか》といった人物を採用しています。体制を守る側としては、儒教は非常に都合がよかった。

要するに、媚びることの正当化です。

この孔安国は紀元前二〇〇年くらいの人、管仲がいたのは紀元前六〇〇年代の前半、そこに四〇〇年くらいの間があって、ちょうどその中間くらいに孔子がいたわけです。その孔子はこんなことは言っていません。

孔子は「**君、君たり、臣、臣たり**」その後に「**父、父たり、子、子たり**」と。君主は君主らしくやる、臣下は臣下らしくやる、父親は父親らしくやる。そして、子供は子供らしくやるとしています。

君主が君主らしくしなくても、臣下は臣下らしくあれとは言っていません。非常に公平に言っているだけです。

私は、本当は孔子も管仲と同じことを言いたかったのではないか。しかし、同じことを言ったのでは真似だと言われてしまう。そこで微妙に変えたのではないかと思っています。

つまり、管仲から二〇〇年後の孔子も、その二〇〇年後の孔子の子孫、孔安国も管仲の「君、君たらざれば、臣、臣たらず」を意識せざるを得なかったわけです。

それだけ長い間にわたって影響力を持っていた。これはすごいことだと思います。

さらにその後の孟子はというと、さすがに「**君、君たらざれば、臣たらず**」と書いています。

管仲はこの他に君主のあり方として、「君、君たらざれば」に加えて、桓公に四つのことを守れと言っています。

どういうことを言っているかというと、一番目に人民を愛すること、二番目に人民に利益をもたらすこと、三番目に人民の役に立つこと、四番目に人民を安心させること。こんなことを宰相が君主に言っています。

そんなことを言う宰相は過去にいなかったわけです。だからこの管仲の言動に、一番しびれたのが司馬遷でした。

とはいえ、みなさんが、こんなことが書いてあったからといって、会社で上位者に向かって、あなたもしっかりしてくださいなどと簡単に言ってはいけません。

相手に受け入れられやすいように、うちの上司は大したものだとほめながら、何かの機会に昔の管仲はこういうことを言っていたらしい、これも素晴らしい言葉ですねとチラリと紹介する。それくらいの加減に止めておいたほうがいい。

これが軍略です。

それで自分が上司の立場になったときに、管仲の言ったとおりに実行する。それが非常に賢いやり方です。

「天下を争う者は、必ずまず人を争う」が国づくりの基礎

管仲は「**天下を争う者は、必ずまず人を争う**」、それから「**大数を明らかにする者は人を得、小計を審《つまび》らかにする者は人を失う**」と言っています。

これも有名な言葉です。

「天下を争う者は、必ずまず人を争う」。課長になろう、部長になろう、あるいは役員になろう。さらに将来、自分が一番切磋琢磨《せっさたくま》して社長になろう。または起業して一人立ちしよう。こういう野心、志は当然持たないといけません。

ただし、そのときのためにまず人を確保しておくことが肝心です。

私は幸いこの管仲を四〇歳くらいのときに読んだものですから、そのときは課長でした。もし部長になったら自分の配下、相談する人はどういう人か、自分よりも一〇歳くらい下の人や同僚の中で、たとえば財務に精通している人、それから営業に精通している人、会計、経理に精通している人、システムに精通している人、技術に精通している人は誰かという視点を持って常に人を見ていました。

そして、その人とできるだけ知り合いになり、意見を交換する相手になっていただく。自分がその立場になったとき、そういう人たちと一緒にチームを組めないかと考えて行動していました。

これは絶対に必要なことです。

自分の課だけではなく他の部や課、全然違った分野、文系理系関係なしに優秀な人を探しました。そのときにその人に私心があるか、私利私欲があるかということもよく見極めておかないといけません。

天下を争うなら、上に行こうと思うなら、必ずまず自分の周りにいい人を集める。もっと極端なことをいったら、自分のライバル会社にも、どういう優秀な人がいるのかも、やはり調べておくべきです。

人を得る者の徳望

「大数を明らかにする者は人を得、小計を審らかにする者は人を失う」。「大数」というのは大局観、大局観を明らかにして部下と話す人のところには人が集まってくる。

一方、「小計」というのは目先の利益です。目先の利益ばかりに執着して、細かいことをあれこれ言う人のところからは、人がどんどんいなくなってしまいます。

自分の保身ばかり大事にしているのは、もちろんどうしようもないし、会社のことでも、もっとやることがあるのではないかと思われるような人では、人がついてきません。

「小計」は大したことはないとはいえ、直したほうがよいことは明らかです。にもかかわらず、小さなことばかりを言っている人が、少しずつ上に上がっていく傾向がある。そんな会社ではダメです。

悪くはないけれども、それだけでは将来の見込みがありません。

そういう目先の利益だけを言う人には、やっぱり人はついていかないものです。

この「大数を明らかにする者は人を得、小計を審らかにする者は人を失う」の中に隠された思想は、私利私欲は絶対にダメだということです。管仲はもう徹底的に私利私欲を禁じています。組織の中にいて私利私欲は絶対に許さないとしています。

私利私欲が身を亡ぼす

この時代は平均寿命が三〇歳とか四〇歳なのに対して、今は人生百年時代です。人生において一回間違ったら、何十年とそれを背負っていかなければなりません。だから今の時代は、特に私利私欲によって自分がダメージを受けた者は、政治家でも経営者でも去ってもらう、退場してもらうしかないことになります。

私利私欲を離れてみんなのためにやれば、それが何倍にもなって返ってくると管仲は言っています。

自分が将来みんなから信用を得ようと思えば、最初に相手に親切にしなさい。まず得ようとすれば与えよと言っているわけです。

孔子はここまでは言っていません。それは管仲と孔子の違いから来ています。管仲は国単位だとか企業単位、組織単位で物事を考えて進めます。いい政治をやろう、いいリーダーシップを発揮しようというのが主題です。

だから、リーダーとしての徳望を磨くというテーマを聞いたとき、一番に私の頭に浮かんだのが管仲でした。

一方、孔子も素晴らしいのですが、個々の人間関係、個人単位で君子のみを相手にしています。それゆえ『論語』には「君子は」という言葉がたくさん出てきます。

孔子の相手は君子なので、個人単位でよいということです。

人を育てる場所づくり

孔子と仏陀《ぶつだ》とソクラテスは、だいたい紀元前六世紀だとか前五世紀のあたりで、同時代に活躍しました。それゆえ三大聖人と言われております。

ソクラテスの弟子がプラトン、プラトンの弟子はアリストテレス、アリストテレスはアレキサンダー大王の家庭教師をやっていました。

プラトンは弟子のアリストテレスを見て、やはり人材が重要だと感じてアテネの西郊外に学習塾の町をつくりました。これがずっと続いてアカメディアという教育施設となり、「アカデミズム」「アカデミア」の語源となりました。

そこにもう一つギュムナシオンという体育の学校をつくって、学問の学校と体育の学校を整えました。

管子の後の斉の国でも、そういう学習塾の町がつくられ、この後の章で詳述する「孫子の兵法」の孫武、それから韓非子もそこで学んでいました。

孔子は、自分が政治家としては、どうも採用してもらえないことを知って、やっぱり人を育てることが大事だと考え、政治家を諦めて教育家になろうとしました。

私は、孔子が教育家になろうとしたのは、やはり『管子』の、人が一番が大事だというところに、強く影響されたのではないかと考えております。

曹操の求人キャンペーン

『三国志』に登場する曹操は、求賢令という賢い人を求める法律を公布して、各地から才能を持った人を募集・採用しました。実際、求賢令は五回くらい発布され五〇人くらいを採用しています。

これも、やはり曹操は管仲に影響されていたのではないかと思います。

『三国志』を読んで、私が中学一年か二年くらいのときから、非常に奇異に感じていたことが、先述したとおり『三国志』には儒教のこと、孔子のことは一切出てこない点です。

やはり当時から乱世では儒教は役に立たない、前漢とか後漢、唐や明など世の中が治まったとき、徳川時代みたいに治まったときには、儒教は統治に役立つと思われていたのだと思います。

どちらがいいとか悪いとかを言っているのではありません。そもそも舞台が違うのです。

そういう見方をして読むと『三国志』も、ちょっと面白くなってくるんじゃないかと思います。

管仲の国家の大計は人材育成にあり

一年の計は穀を樹《う》うるに如《し》くはなく
十年の計は木を樹うるに如くはなく
終身の計は人を樹うるに如くはなし

「一年の計は穀を樹うるに如くはなく」、穀というのは稲、麦、稷《あわ》、黍《きび》、菽《まめ》の五穀です。

「十年の計は木を樹うるに如くはなく」とは、十年の計を立てようと思ったら木を樹えなさい、これに勝るものはないですよと言っています。

「終身の計は人を樹うるに如くはなし」、終身の計というのは、平均寿命が四〇歳だとしたら、四〇年くらいの国家、企業の計を立てるのだったら、人を樹えよ、すなわち育てよということを言っているわけです。

　将来的に一番大事なのはやはり人ということになります。

　今、日本の中小企業では後継者がいなくて困っています。後継者をつくるために管仲が言っているのは、国家の予算だとか財を配分するとき、後継者にはそれだけの待遇をしなければならないということです。

　それが適切な配分だと言っています。

平等、平等といくら説いたところで優秀な人にはなかなか会社に残ってもらえない。穀を樹える、木を樹えるときには肥料をやらないといけません。人にも肥料、すなわち報酬を与えないとダメです。

これは今の中小企業の人が一番考えないといけないところではないかと思います。その後を継ぐ人には、周囲の人が納得できるような最大限の待遇の差を設けてよいのではないかと思います（次の項からは「樹える」は一般的な「植える」と表記します）。

計画の肝は洞察力にあり

もう一つ管仲は、国家においても企業においても大事なことは、年次計画と中期計画と長期計画を立てることだと言っています。

年次計画すなわち一年の計は、穀物を植えるなら、どういう穀物を植えるか、湿地帯はどうする、乾燥地帯には何を植えるのか、また、植えるためにはその種籾、種を確保しておくことが肝心です。

ところが庶民が窮乏したときには、種籾も食べてしまってお百姓さんは何も食べる物がない。そういうときには、国がちゃんと種籾を貸し与えなさいと言っています。

木を植えるにしても計画が必要です。

エジプトやメソポタミア、ガンジス河のモヘンジョダロ、黄河文明といった、文明はみな廃《すた》っていきました。

なぜ廃っていったかというと燃料がなくなったからです。

大都市のエネルギー源である周囲の森林を全部燃料に使ってしまい、遷都せざるを得なくなってしまいました。

二七〇〇年前に管仲はそういうことを見越して、植林をしなさいと言っています。

植林と一口に言っても、燃料となる木を植えるのか、橋を造るため、家を造るための建築材を植えるのか。それとも蚕の繭、絹を作るための桑を植えるのか、紙を作るための楮《こうぞ》、三椏《みつまた》を植えるのか、それも考えなさいということです。

ただ、木というのは一年でできるものではない。最低一〇年くらいかかるでしょう。だから計画が必要だと言っているわけです。

そして一〇年以上、二〇年、三〇年の計となったら、人を植える、すなわち人を育てるしかないと言っています。

人を植える、育てるといっても、君主がしっかりしていないとダメだ、そこが最も肝心なところだと言っているわけです。

植えるとは、必ずしも種を播くとしているわけではありません。植える、つまり苗木を植樹してもいい。国外から人を登用することも植えることです。

企業でもそうで、よそから人材を入れたり、中途採用したりしてもいいと言っています。

これには孔子も触発されており、「遠き慮《おもんぱか》りなければ、必ず近き憂いあり」と警句を発しています。

一〇年先、二〇年先のことを考えておかなければ、必ず近いうちに心配事が起きる。だから将来のことを今は関係がないと思わないで、三年後、五年後、一〇年後のことを考えておきなさいと警鐘を鳴らしたのです。

今、日本人が考えるべきこと

自分の会社、自分の課で売っているものは、三年後、五年後にもあるのだろうかと考えると、ないものも多いはずです。

ＡＩやＤＸがこのまま進めば、みなさんがやっている、あるいはみなさんの周りでやっている今の仕事の多くは一〇年、一五年経てばまずあるとは思えません。

そういうことはあまり考えないことにしようという姿勢では、リーダーの資格はありません。周りの人たちに、まず自分の今の仕事があると思うかどうかを、本気で考えてもらうことがリーダーの務めであると心得てください。

今、日本が非常に遅れているのはお金です。

韓国、シンガポール、中国に行ったら、現地の市民はまず現金は持っていません。現金は、数えないといけないし、お釣りを勘定しないといけない、また、輸送もしないといけません。

さらに偽札対策もしないといけない。社会的にロスだらけです。

すべてカードでできるのに、電子決済もできるのに、なぜか日本人は現金志向から抜け出せません。今、外国人が日本に来て一番驚くのは、日本では現金を持っていないとダメだということです。

お釣りの計算なんて、コンピューターにかければ済むのに、何でそんなことをしなければならないのかと不思議に思っています。

縮まる中長期計画の期間

極端なことを言えば、大学の入学試験でみんな知識を試されるが、あれは何をやっているのか。あんなものスマホでやったら全部答えが出てくる。なぜ機械にやらせたらできるようなことを、小学校のときから中学校、高校と夜も寝ずに勉強するが、肝心なことについては何も勉強しない。

日本人はおかしなことになってしまったと、元台湾総統の李登輝が非常に辛辣《しんらつ》に言っています。

日本人はこういうことを考えないといけないときに来ています。

中期計画は三年、長期計画は五～六年とぐっと縮まってきています。時代の変化が激しすぎるからです。

したがって、会社でそれなりの立場になっている人は、部下に三年後この仕事をやっていると思うかと聞いてみるべきです。もしやっていると思うと言ったら、それは我々がおかしいんだと諭さないといけません。このままでは必ず後れをとります。

日本の組織はまず職務を明らかにせよ

Job Descriptionという言葉を知っていますか。Job Descriptionというのは職務記述書のことで、次の三つの要素で構成されています。

1. Job Span　職務領域
2. Job Quality　職務難度
3. Job Performance　職務達成評価

あなたの仕事がたとえば経理だとしたら、会社の営業に関する経理です、あるいは会社全体の経理です、と役割を明確にして、損益計算をしてもらいます。そういうジョブ、仕事のスパンを決めるというのがJob Spanです。Jobは仕事、Spanは仕事の範囲のことをいいます。

それからJob Quality。経理の仕事の難易度をランクに応じて決めておくのがJob Qualityです。Qualityはレベル、質、高さをいいます。

三つ目はJob Performance。どれだけそれをうまくやれたかということです。欧米では、この三つを、採用するときに、応募者に示さないといけないことになっています。それで採用される側はJob Descriptionを見ないと、募集に応じられないということになります。これが当たり前の世界です。

未だに続く四月の一括採用の慣行

ところが日本は、未だにJob Descriptionの記述があいまいで、あなたのやる経理というのは何をやるのか、営業というのは何をやるのか、といったことが明確ではありません。

営業トップのJob Descriptionは、自分の会社で開発した製品を技術屋並みに、あるいはそれ以上にお客様に説明して、それで売上を上げることであるとか、いろいろなレベルがあるわけです。

そういうものを示さないで日本人はたやすく人を採用し、またそういうことを見ずに応募しているわけです。

今、恐ろしいことに、日本は人が大事と言いながら、こういうことを一つもやっていません。しかも四月一日に合わせて高校から専門学校、短大から大学、大学院まで同時一括採用をやっています。

いま日本が一番遅れているところはJob型採用ではないでしょうか。もう二～三年前から新聞にも少しずつ出てきています、同時一括採用をやっているのは世界で日本だけです。こういうことをみなさんは知らない。これが問題です。そして会社に入ったら社内教育をしている。その社内教育というのは、多くの場合、忙しくない誰かが適当にやっている。それではもうどうしようもありません。先生として一番不適切な人に講師を頼んでいるわけですから。

そんな会社が一流になれるわけがない。

Job Description、仕事の内容を示さないで採用して、それで一年間社内教育をする。大谷翔平選手がメジャーリーグに行ったときに社内教育を受けましたか。プロ野球でドラフト指名されたら、来年すぐ一軍に入りたいと言っている高校生がいるわけです。

なぜ一般の企業がそれをやれないのか。

外国人が日本に来て同時一括採用という話を聞いて、びっくりするのが新入社員にモラトリアム期間のあることです。

お金を払う以上は、すぐに働いてもらいたいというのが会社の本音です。

二五〜二六年前に私はアメリカ人に言われました。Job Descriptionを示さないで採用しているのは、アメリカのマフィアと日本のヤクザと日本の会社だけだと。ヤクザはこの世界に入った後、何をするかと言わないで採用し、お前ちょっとズドンとやってこいと言ったら「はい」と飛び出していく。

それで二一世紀に役立つのかということです。

管仲が実行した二七〇〇年前のDX

管仲は君主がやるべきことを五つ挙げています。これがまた非常に手厳しい。君主がやるべきJob Descriptionです。立政篇で述べています。

1. 防火、植林事業
2. 治水、灌漑工事
3. 農業生産（五穀、桑、麻、野菜）の振興
4. 牧畜事業の奨励

5. 建築工芸の実用化

都市の周りの山野に森林があります。それが燃えてしまったら、都市の燃料がなくなるので、都市はダメになってしまいます。

ゆえに防火だとか植林事業は、最重要にせよと言っています。そのためには、君主自ら現場を視察して、状況を全部わかっていないといけないということになります。

次に治水、水が回ってこないと万事に支障が出るので、灌漑工事、水を潤沢にする灌漑工事をやらないといけないと言っています。氾濫させてはもちろんダメです。

農業生産は、どこに何を植えるのか、最も効率のよい農業生産のやり方を考えておくこと。それから牧畜、中国ですから羊とか馬をどうするか。

あとは建築工芸、こういうものにも君主自らが精通していないとダメだと言っています。

徳川幕府になってから、殿様が家老にこれはどうなっているかといったら、それは私の配下の者に答えさせますと言うようになりました。日本の役所と同じですね。大事なことは部下に答えさせる。

管仲は、そんなことは言っていません。君主は自らやらないといけない。

もう一つ管仲の時代において重要なのは、長男が君主になるということは一つもなかったということです。

名君はほとんどの場合、次男、三男、四男でした。

先述したように名君といわれた唐の二代目皇帝の太宗は、管仲と桓公の関係と同じようにどちらも兄を殺して君主になっています。

桓公は自分が殺した兄の参謀だった管仲を自分の宰相にしました。

唐の太宗は、自分の兄の参謀だった魏徴という人を最重要の臣下ともいえる、諫議大夫にしています。桓公と太宗との間には千年の差がありますが、両者はよく似ているのです。

『貞観政要』によると、この太宗と魏徴は、桓公と管仲のことをよく勉強しています。

北条政子も徳川家康も、『管子』のことはよくわかっております。ただし安定した支配体制になっているため、『管子』は勉強して取るところは取ったけれど、下には教えませんでした。

数値化の鬼だった管仲

管仲は数字こそ大事だとし、それを具現化させせました。

だから土地の勘定の仕方は、六里四方を一単位として「一暴」とし、五暴で「部」を形成し、五部で「聚」としました。

人口も一戸の家族単位で五人いようが、三〇人いようが一戸は一戸です。

五戸を一単位としてこれを伍、伍が二つで連、五連で暴、五暴（二五〇戸）で郷としました。郷に一人の長を置き、四郷は都とそういう単位で行政単位を整えました。

これも前に述べたとおりです。

二七〇〇年前に、こういう勘定の仕方を初めてつくって数字で管理しようとしたわけです。これは何を言っているのか、要するに二七〇〇年前のＤＸだったということです。

ＤＸというのは、非常に誤解されがちですが、その本質は数値化するということです。

数値化できないものは、数値化できる測定方法と測定道具を開発・設定し、その測定値が仕事の効率化に役立つように取り入れた仕組みをいうのです。

したがって、何を数値化するかを一所懸命考えもせず、ＤＸについて論じているのはナンセンスと言わざるを得ません。

アメリカと日本のプロ野球の一番の違いはＤＸです。

アメリカの野球は一〇年以上前からボールのスピードは時速何キロか、回転数はいくつか、回転軸の方向は垂直か、何度曲がっているか、角度が何度曲がってくると、それがカーブやシュート、シンカーになってくるのかと全部解析しています。

打撃であれば、たとえば大谷翔平選手がスイングをしたときにホームランになりやすい打球の角度は何度か。それらをすべて計測できる機器ができたら、それを素早く野球放送の中に採用し、お客に満足してもらおうというのがＤＸです。

だから、何を数値化するかということを考えずしてＤＸはあり得ません。

我々の仕事の中で、数値化できないものなどないのです。

デジタル化というのは数値化して、日々刻々と変わる変化を見ることを言います。これがデジタライズです。

自分の会社の中で何が数値化できるかということがわからないで、ＤＸなんて言ったって、それはちゃんちゃらおかしい。話にも何もなりません。

管仲は恐ろしいことに、すべてのものを誰も文句が言えないように、誰でも納得できるように数値化をしたわけです。

数値化の鬼だったのです。

この管仲の「数字に基づいて」というのがデジタライゼーションと言えます。デジタル化です。

甘い読みの数値化では効果なし

管仲は、またこんなすごいことも言っています。

「**貨尽きて而る後に足らざるを知るは、これ量を知らざるなり**」。この解釈はいろいろありますが、私の解釈はこうです。

一つのプロジェクトをやったときに、途中で予算が尽きてしまった。それで足りないからと言って、途中でまた追加予算、臨時補正予算を出す。

こういうことではどうしようもないと言っているわけです。

次に「**事已《や》みて而る後に貨の余りあるを知るは、これ節を知らざるなり**」。つまりプロジェクトが終わったら、予算が余ってしまったということです。

管仲の頃は変化の時間が今よりずっと長いですから、そんなに変化がありません。それゆえ節々の予算の設定が、非常に甘かったのではないか。

だから、その数字の意味するところを勉強していない人が、要所要所にいるような国ではいくら数値化してもダメだと言っているわけです。

先ほど触れたとおり『史記』には「管仲よく国用を会す」とあります。

「国用」の「用」というのは会計、経理のことです。「国用を会す」の「会す」とは会う。要するによく見るということで、「管仲よく国用を会す」、つまり管仲は始終経理を見ていたということになります。

実は『三国志』に出てくる諸葛亮孔明も、「亮よく国用を会す」と深夜まで国の財政、経理をよく見ていました。

失敗はリーダーの責任、成功はチームの手柄

管仲は「行政の要領」でこう言っています。

1. **およそ事を挙げんとするには、令必ずまず出《いだ》す。曰く、「事なさんとす」。その賞罰の数は、必ずまずこれを明らかにす。** ―立政篇―
2. **明王過ちあればすなわちこれを身に反《かえ》し、善あればこれを民に帰す** ―小称篇―

管仲は行政の要諦を「政治はガラス張りで。過失は自己に、功績は臣下に」として

います。これは、私利私欲よりもう一段上を行っているわけです。

政治はガラス張りでないとダメだ。私利私欲がなかったら自ずとガラス張りにできるわけです。お客様にも私利私欲なく、商品を納得のいく値段で出せますから隠し事がありません。

そしてもしも失敗したときは、チームですからチームの長である自分がその責任を負う。成功したらチームでやったのだから、チーム全体の一人一人のメンバーの功績だと思いなさいと言っているわけです。

明王、非常に賢い王は「明王過ちあれば、すなわちこれを身に反し」つまり過ちは自分のせいにして、結果がよければ「善あれば、すなわちこれを民に帰す」と。

これを『論語』ではどう言っているかというと、民は無知だから由らしむべし、となります。

民は権力のところに寄ってくるように、自分たち指導者の下に寄ってくるように仕向け、一方自分たちがやろうとしていることは、そんなに知らしめる必要はないとしています。

さすがにこういうことが書いてあったら、儒学者はちょっと具合が悪いと思ったのか解釈を少し変えています。

どう変えたかといったら、庶民は全員指導者の下に心服するように仕向けなさい、しかし内容を言ってその理屈を知らしめるということは、理解力がないと最初から決めつけて、理解力がないからなかなか難しいと、そういう解釈にとどめています。

とはいえ、これは誰が読んでも真意は明らかです。

初めから民の啓蒙《けいもう》は考えていないのです。

与える褒賞は利となって還ってくる

管仲はある年、ものすごく豊作になって、商売もうまくいって、すごくお金が余ったとき、予定していたより余った分の使いみちは、私に任せていただけませんかと君主に申し出ます。

そして兵士を全部集めて、今度こういう戦争をやる、義を通すためにこれはやらざるを得ないと告げます。

それで、兵卒から将軍まで集まっているところで、これから質問すると言い出しました。

相手の将軍を殺した人間には一〇〇〇両をやる。誰か手を挙げる者はいないか。

一同しんとしていましたが、そのうちにやりますと何人かが挙手します。そして敵の将軍というのは、何人ぐらいの兵を率いていたら将軍と言えるのでしょうかと尋ねます。管仲は一〇〇〇人と答えます。

みんな、へえーという顔をしています。

次に敵の将校、将校というのは一〇〇人くらいの兵を率いている。それをやっつけたら二〇〇両やる。誰かいないか。

するとみんなが手を挙げました。それから、もし戦死したら遺族に遺族年金を払うぞとも管仲は言っています。これがまたすごいところです。

上意が自然に隅々まで伝わる管仲の手法

兵が帰ってその話を一族に伝えると、あなたは生きて帰ってこなくてもいいよ、我が一族のために戦ってくれと励まされ、送り出されます。

桓公は管仲に、あんなに金をやって大丈夫かと言いました。他の大臣も心配だと言います。しかし管仲は、いやまったく心配いらないと動じません。

それで、実際に戦争をしたら、もう向かうところ敵なしで大勝してしまいました。戦は大勝利でしたが、終わった後でお金をもらった人の数を数えてみたら、敵の将軍の数より二倍くらい多かったようです。

そのおかげで余ったお金を全部使ってしまいました。国の三カ月分の予算くらいだったのかもしれません。

管仲のこの話で司馬遷は何を言っているか。方針を出したら、その方針は水の高きから低きへと自然に流れるように、管仲の指示、指令、意図はことごとく庶民にまで行き渡ったと、管仲の手腕を絶賛しているわけです。

それに対して、孔子はどう言っているかといえば「由らしむべし、知らしむべからず」です。

管仲の偉いところは、敵将の首を取ったと口では言いながら、実は取っていなかったという人からお金を取り返したりしなかったことです。やったままにしていました。

それと遺族年金を約束し実行していた。これがやっぱりすごいところです。

これは先述した国民を愛せよ、国民が望むものを相手にせよ、国民の役に立て、国民を安心させよ。そういう四つのことを本当に実践してみせたということに他なりません。

国を支える四本の綱

管仲は政治家であり軍略家であり、経済学者であると言われながら、孔子がその後に出てきたものですから、思想家としてはほとんど重視されていません。

ですが、「国に四維あり」という言葉は思想家管仲が輝きを放つところといえます。「維」というのは綱ということです。国を支えるには、四方から安定させるための四本の綱で引っ張ることが肝要である。この、国ということに注目してください。

「国に四維あり」。この四維が冒頭で述べた「礼義廉恥」です。

一に曰く礼　節度を守ること
二に曰く義　自己宣伝をしないこと
三に曰く廉　自分の過ちを隠さないこと
四に曰く恥　他人の悪事に引きずられないこと

孔子は国のことは思っていたかもしれませんが、『論語』にはほとんど出てきません。

管仲の対象は常に国です。組織（企業）です。

だから企業には礼儀がある。契約していたのに、契約を破棄するような礼に失することはあってはならない。節度を守ることを重視しました。

節度の節というのは竹の節です。法を守ることです。

竹には節があります。一定の間隔で必ず節がくる。その節が一定の間隔でこなかったらえらいことになってしまう。だから節度を守ることが大切なのです。

国を支える倫理観

それから「義」。「義」というのは義務、国に対しての義務、社会に対しての義務、正義の「義」です。

管仲は、正義や義務を行うことは当たり前のことだから、それをしたからといって自己宣伝するようなことではないと、ちょっと捻って言っているわけです。

あいつが苛《いじ》められているので、俺はそれを助けてやったなどと自慢するのは、助けてやったこと自体はよいかもしれませんが、「それを言っちゃあお終《しま》いよ」ということになります。

「義」という言葉が出てくるのは『管子』が初めてです。その後ずっと「義」というものが重視されるようになりました。

次は「廉」。この「廉」は廉価の「廉」です。

「廉」というのは、今は安いという意味になっていますが、元々の意味は清らかなこと、明らかなことを指します。

だから廉価の「廉」は、本来、誰が見ても明らかに納得できる値段で、合理的な値段であるという意味になります。

したがってこの「廉」とは自分の過ちを隠さないことだと、また一つ捻って管仲は言っているわけです。

過ちは誰でもやる。ただしそれが過ちだったと知った後は、自分はこういう過ちをやったと明らかにしたほうがいい。だから過ちを隠さないこと、明らかにすること、潔いこと、清らかなこと、廉とはそういう意味です。

最後に「恥」。恥は、もちろん恥ずかしいことをやるなということです。

恥ずかしいことの最たるものは、他人の悪事に引きずられることだ。悪いやつに誘惑されてそっちのほうへ行く人は、自分というものがないのだから、こんなに恥ずかしいことはありません。

しかし、二一世紀となり、管仲から二七〇〇年経った今でも、三番目と四番目を守らない「破廉恥」という言葉は未だに生きていて頻繁に使われています。

二七〇〇年前の管仲の述べたことが、いかに今に伝わっているかがわかります。その理由は、隠しようのない正論だったからだと私は思っております。

企業も国も同じですが、四本の綱は「一本切れて不安定、二本切れて危険、三本切れて転覆、四本切れて滅亡」となります。

これはどこかの政治家に聞かせたいですね。『管子』をちょっと読んでみたらどうですかと、アドバイスしてあげたいところです。

信賞必罰を明らかにするのは最高の徳

「賞罰は最高の徳である」。企業にとってトップの私利私欲は絶対にダメですが、トップが信賞必罰を明らかにし断行することも非常に重要なことです。

明賞は費《つい》えず、明刑は暴ならず。賞罰明らかなるは、すなわち徳の至れるものなり。

―枢言篇―

「明賞は費えず」、「明賞」というのは明らかな善行、明らかな貢献に対して賞を出す、評価する、褒美を出すということです。これらは出費じゃない、財産、貯金みたいなものだと言っています。

一方、明らかな罪、明らかな法令違反に対して刑罰を与えることは、パワハラじゃありませんと言っているわけです。

これがなぜ重要かというと、昔は王様は自分の身内、自分の知った人間には褒賞をものすごく出すけれども、知らない人間にはものすごい罰を与えることがありました。これでは民はついてこないと戒めているわけです。

経営者のみなさんは自分の胸に手を当てて、自分は会社でそういうことをやっていないかと省みるべきです。

「賞罰明らかなるは、すなわち徳の至れるものなり」とは、賞罰を明らかにすることは最高の徳の実践なのだと言っています。

なぜ徳の実践かと言ったら、誰かに賞を与えたら必ずやっかむ人、ジェラシーを感じる人がいるわけです。そこで、そういう人たちは必ず君主に向かって、あんなものは褒賞するほど大したことではないと讒言します。

一方、それでやらなかったら、当事者とその周辺がいいことをしたのに褒めてもらえなかった、やる気をなくしてしまったとなります。

また、重い罰を与えると逆恨みをされます。

自分たちが悪いことをしたにもかかわらず、その一族や支持者は逆恨みして、あの君主は横暴だと言い始めます。

だから賞罰を明らかにするということは、ものすごい判断能力と決断力が必要になってくるわけです。

したがって、褒めるにしても罰するにしても、それを行うについては非常にリスクを負うことになります。

そのときには、うちの君主はいいことをやってくれた、うちの社長はいいことをやってくれたとは誰も言わないけれども、年数が経つと必ず正邪は明らかになってきてみんながわかる、それこそが徳の極致だと管仲は言っているわけです。

「徳は孤ならず、必ず隣あり」

この講義の主題は「リーダーの徳望を磨く」です。

部下の失敗をちゃんと処置できない。部下が打ったヒットをヒットとして認めないようではリーダー失格と言わざるを得ません。

しかのみならず、部下を罰するよりも、その間違った者もチームの一員なのだから、まずその間違い責任の大半は自分にあると、明らかにする。

一方、何か褒めることがあったら、仮に自分がやったとしても、それはあいつがやってくれた、お前がやってくれたんだと、部下の手柄にできるのがリーダーの基本動作だと管仲は言っているわけです。

これは先ほどの「失敗は自分に、成功は部下に」と対になっています。そこに私利私欲があってはいけないことは、言うまでもありません。

逆恨みされるかもしれない、ジェラシーが起こるかもしれない。だから信賞必罰を断行した後も、部下の動向にはちゃんと気を配りなさい、そこまでやって「徳の至れるものなり」となります。

『論語』には、これも『管子』に影響されている言葉ではないかと思いますが、「里《り》仁《じん》篇」に「**徳は孤ならず、必ず隣あり**」とあります。

なぜこんなことを言っているのかといえば、孔子の時代でもやはり「徳」は孤独だったのです。

たとえば人を罰する、人を褒めることは理解されない。そういうことをやった人は孤独だ。すぐには同調者が現れない。

しかし時間が経てば、必ずそれを理解してくれる隣人、隣人というのは自分を理解してくれる人という意味で、必ずそういう人が現れる。だから徳行に精進しましょうと言っているわけです。

「徳望」と簡単に言いますが、本当は難しいことなのです。

一回や二回、本を読んだからといって、そんなもの簡単に身に付くことではありません。

しかし、一回や二回でも読まなかったら、もっと身に付かないことになります。

第三章

三〇〇年の時をかけ三〇〇〇人の弟子が叡智を集め仕上げた『論語』

孔子（紀元前五五一年〜四七九年）

諱は丘、字は仲尼。

春秋時代の思想家。儒学の始祖。魯《ろ》国の曲阜《きょくふ》生まれ。幼くして父を、次いで母を失い貧苦の中で学を志す。周公を理想の人物と仰ぎ、魯に周公の理想的政治を実現しようと大臣となったが政敵に追われ、仕官先を求め弟子と共に諸国を巡歴。晩年は再び魯に戻り、門弟の教育と古典を整理し魯国の年代記である『春秋』、『詩経』を編纂した。門下の弟子は七〇人を超え、中でも顔淵《がんえん》、閔子騫《びんしけん》、冉伯牛《ぜんはくぎゅう》、仲弓《ちゅうきゅう》、宰予《さいよ》、子貢、冉求《ぜんきゅう》、子路《しろ》、子游《しゆう》、子夏《しか》の一〇人を孔門十哲という。儒教はこれらの弟子によって各地に伝えられ、漢代に国教となって以来歴代王朝で重んじられた。『論語』は弟子たちが記録した孔子の言を編纂したもの。

『論語』は孔子の生きている間にはなかった書

私は中国の古典で一番学ぶべき人は管仲だと思っておりますが、孔子はそれに負けないくらい素晴らしい人だと思っております。

孔子は一生涯かけて、壮絶でかつ崇高な人生七二年を過ごしました。そして孔子塾というものをつくって、人生に起こったことのほとんどを弟子たちに話しています。孔子ほど本格的な塾をつくった人は、かつて中国にはいませんでした。塾とは松下村塾だとか、そういう塾で学校だったわけです。

司馬遷は、『史記』の「孔子世家」で孔子について書いています。

『史記』の「世家」というのは王侯貴族、王の系譜・伝記を書いたもので、それらを「世家」と言っているわけです。

しかし、孔子はそういう王侯貴族ではありません。司馬遷は孔子に敬意を表して「世家」としたのです。管仲は、一段下の「列伝」となっています。

司馬遷は『史記』の「世家」というところで、非常に詳しく孔子のことを書いておりますが、その書いてあることが『論語』にはほとんど反映されていません。

だから後の儒家は、『史記』に書いてあることをもうちょっと紹介すればいいのにと思っています。

しかし司馬遷の「孔子世家」は、非常に人間らしくて赤裸々に孔子のことを書いているから、体裁を繕う儒教の人たちはあまり触れたくないのでしょう。

私は本書で『論語』を解説するに当たり、『史記』に書いてあること、あるいは『十八史略』に書いてあること、その後『孟子』にも書いてあるようなことを加味しつつ、前半三分の一くらいはそれについて話し、それから『論語』の中身に入っていこうかと思っております。

『論語』は孔子と弟子たちの研鑽の集大成

『論語』とは中国古代春秋末期、これは紀元前五〇〇年頃の孔子とその弟子たちの問答集で、この問答集というところがいいところなのです。

日本のたとえば江戸時代の藩校、これは二七〇くらいありました。一万石以上の領主のことを大名というのですが、その藩に一つくらいずつ藩校がありました。

そのトップが幕府の昌平黌《しょうへいこう》です。なぜ昌平黌というかというと、孔子が生まれたところが昌平村だったことに由来します。

それで昌平黌ということになりました。

『史記』の著者司馬遷は、前漢時代の歴史家でした。孔子が生まれてから三〇〇年、四〇〇年くらい経っています。

『史記』には、孔子の弟子は三〇〇〇人と書いてありますけど、そんなにいたわけではありません。三〇〇〇人というのは孔子の没後、孟子、荀子など三〇〇年、四〇〇年の間の孔子の孫弟子、その孫弟子、そのまた孫弟子を含めて三〇〇〇人と『史記』は書いたに違いないと私は思っています。

その中で孔子が直接教えたのは、司馬遷は七〇人くらいだったと『史記』に書いています。特に優秀だったのはそのうちの一〇人くらいでした。

だからこれを「十哲」と言います。その十哲が『論語』にはしょっちゅう出てくるわけです。

それから『論語』は第一章の「学而篇《がくじ》」から第二〇章の「堯曰篇《ぎょうえつ》」まで、短い文章がたった五一二本なのです。

だからこの五一二は、一度どこかでバーっと読んでもらったらいいと思います。

私は、今はもう亡くなってしまった財界で有名な人が、新聞やいろんなところで『論語』のことを投稿しておられるから、よほど勉強しておられるのだと思って、六〇歳のとき、今から二〇年くらい前のその人に『論語』のことを聞いたことがあります。

あんなにたくさん書いていて、『論語』を何回読んだのかと聞いたら、その人はびっくりして、「数土さん、『論語』を全部通しで読んだことあるの」と聞くから、私は「あなたは一回も読んだことないの」と言いましてね。

お互いにびっくりしました。

非常に簡単な文章でわずか五一二しかないのだから、やはり一回は読んでおかれたほうがいい。読み下し文で読めば十分だと思います。

『論語』の解釈をするとき一つひとつの字句を解釈することが大事と、これは論語学者の人たち、漢文学者、それから中国古典の学者たちはそう言います。もちろんそれも考えるべきですが、私はそういうことは我々にとってあまり必要のないことのように思います。

ですからここでは『論語』の五一二の字句の中から、孔子が身を削るようにして体現した、徳望ある君子像を示すものを選んで紹介し解説を加えます。

君子と小人を対比してみせる論法

私はもともと技術屋なものですから、どうしてもデータを取りたくなるわけです。同じ言葉が何回出てくるか。

一番びっくりしたのは「巧言令色、鮮《すくな》し仁」です。これは章を改めて同じ言葉が二回出てきます。

しかも何の脈絡もなしにです。

最初に読んだときは、私が買っている本が間違っているのだろうと思いました。ところがそれは間違いではないということがわかりました。

それを機にいろいろ調べてみたら、同じ言葉が何回も出てきます。

その中でデータを取ってみると、一番出てくる言葉は「君子」、それから「仁」という言葉です。

孔子と弟子たちの中で、君子と仁はキーワードだったに違いない。

それで、『論語』のことを述べるに当たり、今までの解釈とは全然違う、「君子」と「仁」を『論語』のキーワードにして論じたいと思い、話を進めることとします。

『論語』には「仁」の上に立った幅広い人間論、人生論、政治論、指導者論すなわち君子論が展開されています。とりわけ君子と小人を対比してみせる論法が冴《さ》えています。

これは哲学の世界でよく行われる、AとBとを対比する手法です。この時代の説得法、論法ともいえます。『戦国策』にある合従連衡《がっしょうれんこう》策など、様々な説客が諸侯の間を往復しながら、君主を説得するときにこの論法を駆使しました。

しかし、この君子と小人を対比して説得しよう、アピールしよう、深く理解させようということをした人はなかなかいません。

後から申しますが、孔子以前には「君子」という言葉は、一般的にはほとんど使われておりません。

私はやはり先ほど申しましたようにデータを取りますから、「君子」とは何か、誰がつくった言葉なのか、孔子なのかと考えたわけです。

『史記』に現れている孔子の人間らしさ

『史記』に記されている孔子は、全篇を通じて伸び伸びとしています。それから簡潔明瞭で率直です。

『史記』の中では、孔子は主な弟子からものすごく文句を言われたり、嫌味を言われたりしています。

孔子は君子たるべしと言いながら、自身はそんなに完璧に品行方正だったかというとそうでもないのです。

孔子は生国の魯で市長、中都市の長官、建設大臣、次いで司寇《しこう》から大司寇となり、最後は司法大臣になっています。

司法大臣のときには、政敵を殺していますが、そういうことは『論語』には書かれておりません。

もうひとつは、仕官先を求め弟子たちと共に諸国を巡っているとき、衛《えい》の国の霊公《れいこう》という人に採用してもらおうと旅をして、衛の国へやって来ました。

そのとき、衛の霊公の后で、南氏という人がいました。素行に問題があった人で、当時としては時々あったわけですが、どこにでもそういう人はおりました。

その后は不倫をして、どうしようもない人でした。隣国の若い公子と不倫関係になったというのは有名な話です。

自分の主人の王様に会うときには、后である私を通さないとダメだと言って、面会希望者を自分の居室に呼んではいろいろ問題を起こしていました。

その南氏があろうことか孔子に声をかけて、あなたが私の主人に会いたいのなら、私と会わないとダメだと言って呼び出します。

后の居室で会ったら、后は御簾《みす》の内側にいて、そのとき南氏の宝石、玉がさらさらと鳴ったとか、非常にエロチックに『史記』には書いてあります。

ところが、それを弟子が知ってカンカンに怒ります。孔子はうろたえて、自分は天に誓って何も悪いことをしていないと言い訳をするのですが、誰もそんなことは聞いていない。そもそも会ったこと自体が問題だと言って許してくれません。

さすがにこれは、弟子たちも忘れられない出来事だったと見えて『論語』にもさらりと書かれています。

弟子たちにとっては孔子の人間性を示す重大事だったのでしょう。『史記』に現れる孔子は、非常に赤裸々で率直でした。

しかし、歴代王朝の儒家も江戸時代の儒家も、そこは全部飛ばしてしまって、そういうことには一切触れてもいません。

最下層の士から這い上がり孔子が孔子となるまでの壮絶な人生

孔子は下級士族の出身です。紀元前五五一年魯国に生まれて、幼少時に父と死別、貧苦の中で学問に励んだと言われます。

この時代は「士農工商」という階級がもう定着しております。士農工商、農と工と商に携わる人は「士」ではないわけです。

孔子が教育対象にしたのは「士」以上の人でした。

「士」以上というのは、最上級が「卿」、王族の親戚の中で一番偉い人たちです。それから「大夫」という高級官僚、今でいえば大臣とか長官クラスの人、その下を「士」というのですが、孔子はその最下層の士階級の出身です。

孔子の父は士階級の人でした。

孔子の父と母は、正式な結婚はしていません。孔子は私生児だったわけです。それで孔子が物心つく前に、父親が亡くなってしまったものですから非常に困った。

孔子は、物心のつくにしたがって父親の墓を知りたくてしようがなくなり、その墓がどこにあるのかと母に訊くのですが、教えてくれません。

本宅から出入り禁止にされていたのかもしれません。

男子たるものは、先祖を祀《まつ》るというのが礼の原点中の原点ですから、孔子は子供ながらに先祖の霊を祀る祭器を並べたり、ままごとみたいな形で一所懸命祭祀をやっていました。

それで母親が亡くなったときに、どこに母親を埋葬しようかということになり、父親と同じところに埋葬したいと思ったのですが、父親の墓所がわからないわけですから、非常に苦労して父親を埋葬したとき遺体を馬車で運んだ従者の母親を見つけて、それでやっと父の墓所を見つけてそこに母親を埋葬しました。

これも『史記』には書いてあります。しかし、『論語』や他の儒学関係の書物にはどこにも書いてありません。

政治家の道を断念

孔子の幼少期は過酷な環境でした。そこで努力して努力して努力して、自らを高めてきた人です。

それでたまたま才能が認められ、まず魯の国の中くらいの都市の市長になって、それから建設大臣になって最後は大司寇、法務大臣となり、それで隣りの斉と領土交渉をするときの外交担当を命ぜられ、魯が斉に負けて取られた三カ所の土地を取り返し外交的に大きな成果を上げました。

しかし旧来の三つの勢力である、三桓氏という王族の三つの貴族家からに疎《うと》んじられ失脚し、五六歳のときに魯の国から出て、周辺にある七〜八カ国に仕官先を求め諸国を巡る足かけ一六年の旅に出ました。

結局、他国で政治家となることは叶わず六〇歳を過ぎてから、魯に帰ってきて、『春秋』という魯の歴史の編纂に関わったと言われています。

それから『詩経』の編纂をします。

そうやって政治家から教育家、思想家へと軸足を移していきました。その結果生まれてきたのが『論語』ということになります。

これは『史記』に書いてあることですし、『十八史略』の中にも書かれています。

孔子は五〇歳くらいまでは、大司寇をもう少しやろうかと思っていたのですが、旧来の勢力に邪魔されたわけです。

孔子の内心を理解できないことはありません。

孔子は私生児でしたが、能力があったから、最初は魯の三つの王族のうちのひとつである季氏のところで雇ってもらいました。だから士農工商の士の最下層のところだったわけです。その最下層の中でも、信偽は定かではありませんが、倉庫の番人とか牧場の雑用とかいろんなことをしていました。

門下生も最下層の士族

だから『論語』の中で孔子は、自分はいろいろなことを知っていると言われるけれど、それは若いときにいろいろと底辺の仕事をしているからだと、自ら告白しています。

孔子塾に来る弟子はたくさんいたのですが、それは晩年に魯国へ帰ってきてからの弟子ではありません。昔、魯で市長や建設大臣をやっていた頃から弟子はどんどん集まっていました。若いときからすでに周囲の認める人格者だったのです。

一方、弟子は、ほんの数例を除いて最下層の士の階級でした。

ただし、面白いことに、その中の一人子貢は、大変な大金持ちでした。『史記』には一〇〇〇年の中で大金持ちになった人の伝記を「貨殖列伝」として取り上げていますが、子貢はそこに出てきます。

孔子は、お金を儲けることがまったくダメだったというのは面白いことです。

こういう話をすると、学者でもない數士が、また知りもしないで我々の尊敬する孔子様を侮辱したと思われるかもしれませんが、私が言っているわけではなく、『史記』に堂々と書いてあることなのです。『史記』の「貨殖列伝」には富豪たちの経済行為を述べ、富の追求を高く評価しています。漢代以降は、農本主義の立場から商行為による蓄財を非難し、以降、「貨殖列伝」は出ていません。

今まで、それを明らかにしていなかっただけではないでしょうか。

「巧言令色、鮮なし仁」には孔子の気持ちがこもっている

通算一六年間、諸国を遍歴しても孔子を採用しようという君主は現れませんでした。孔子の就職活動を一番妨害したのは隣りの斉の国の宰相です。

『史記』が歴史上、管仲と並ぶ宰相と評価している晏嬰がそうでした。司馬遷の晏嬰に対する評価は高く「管晏列伝」まで書いています。二人とも斉の宰相ですが、晏嬰は管仲より一五〇〇年後の人です。

晏嬰は、斉の定公が孔子の採用へ傾きかけたとき猛烈に反対しました。

こんな戦争の続く非常時に、孔子は礼儀が大事だとか、冠は絹でないとダメだとか、

衣服はこうでないとダメだとか、王様の前に出るには、右足からとか左足からとか、こう言って深くお辞儀をしてとか、そんなことばかり言っている。

こんな人物の言うことを聞いていたら国が危うくなってしまう。

絶対に反対ですと言いました。

定公という斉の君主は、その前に孔子が訪ねてきたときに会って、いろいろ話をして気に入ったものだから、魯の一番の貴族ほどの待遇はできないが、二番目くらいの待遇はしますよと言っていました。しかし、晏嬰に大反対された以降は、孔子と会っても孔子の得意の礼の話などはしなくなります。

最後には、私はもういつ死ぬかわからない、退位も近いかもしれないし、あなたを迎え入れたら、かえってあなたが迷惑するかもしれないと言い出し、ついに採用の話は流れてしまいました。

このときに孔子が思ったのが、「**巧言令色、鮮なし仁**」だったのではないかと私は考えます。

人事で軽率な発言は厳禁

みなさんもこれから偉くなって、もう偉くなっているかもしれませんが、部下に「お前を今度部長にしてやる」なんて、そんなことを簡単に言ってはダメですよ。辞令を書くまでは、人事の話は慎重に扱うことが基本です。

部下は自分を過剰に評価しやすいものです。

それでなくても自分は評価に値すると思っているのに、上からちょっとお世辞でも言われたら、あの人は次に俺を部長にしてくれる、役員にしてくれるかもしれないと本気にしてしまいます。

孔子は諸国を巡っている間に、そういうことが何回もあったものですから、「巧言令色、鮮なし仁」と考えるようになりました。はじめはうまいことばかり言っていて、最後は知らん顔をする人が「巧言令色、鮮なし仁」です、

なぜこういう不誠実なことが、二回も三回も四回も五回もできる人がいるのかと、私も三〇代の頃本当によく考えました。

弟子に向かいながら自らにも向けられていた孔子の言葉

ところで先述したとおり「君子」という単語は孔子の前にはありませんでした。どういうところから「君子」は来たのか、私は『詩経』から孔子が取ったものと考えています。

『詩経』というのは紀元前一一世紀から前七〇〇年くらい、管仲がいた頃から孔子のいる頃までに、歴代の王朝あるいは君主の家、あるいは士以上のところで詠われた漢詩、それがだいたい三〇〇〇くらいあったのですが、孔子が三〇五に整理し、『詩』というものにしました。

『詩経』の「経」はあとから儒家が、『五経』や『礼記』、『書経』などに合わせ、経を付け足したもので、最初は「詩」といわれていました。

これらの漢詩は、元々万葉集の額田王《ぬかたのおおきみ》のように恋の歌が半分くらいでした。

それを孔子が、たとえば切磋琢磨といったことが書いてある詩だけを選び、自分の塾の教科書のようにしたのではないかと私は考えています。

自分の息子にも詩を読んだか、勉強したかと聞いていますし、『論語』の中でも「詩三百篇」という言葉が二回、『詩経』では四~五回出てきます。その他でも「詩を読んだ」というのは、みんな『詩経』のことです。

『詩経』の中に出てくるのが「君子」と「小人」という言葉です。

「君子」の意味はその『詩経』の中で整理してみると、三つの意味があって一つ目は位が高くて高貴な人、二つ目は自分の大切な夫、または夫に近い将来夫となるべき人。だからイケメンで若くないとダメです。五〇、六〇になって自分の夫のことを「君子」とは言いません。

これは私が勝手に言っているのではなく、『詩経』にそういうものだと書いてあるのです。

三つ目は非常に徳望の高い人。小人はその逆の人です。高貴ではなくイケメンでもない、つまらない男が小人です。自分の夫じゃない男は、みんな小人に決まっています。

『論語』の基軸は仁

夫や若いイケメンは外してしまって、高貴である、高貴である中でも徳望のある人、徳望があって位の高い高貴な人、孔子はこれを「君子」と定義づけたに違いないというのが私の見立てです。

こんなことはどこにも書いてありません。

しかし私はそう思っています。孔子は一所懸命『詩経』を編纂して三〇五篇にまでにしたと言われています。

『論語』の五一二の文の中には四回も五回も『詩』（『詩経』）のことを書いています。『詩経』から採った「君子」と「小人」をもって、両者を対比してみせたのが、孔子の教育メソッドでした。その結果生まれた教育方針が「仁」であり、孔子の塾の教育方針も「仁」となります。

仁を行う人は君子に違いない。

それをわかりやすくするために「小人」と対比して、みんなにわからせるような手法をとったのではないかというのが私の考えです。

こんなこともどこにも書いてありません。

幸い『論語』の解釈は自由で、年代によってどんどん変わっています。私の考えも変わった解釈をしている一つということで、理解してもらえればと思います。

十有五にして学を志すと不遇な自分を鼓舞

「**子曰く、われ十有《ゆう》五にして学に志す**」、一五歳で学問で身を立てようと孔子は心に決めました。

それから「**三十にして立つ**」、独立した。経済的にも精神的にも独立したと言っています。「**四十にして惑わず**」、もう迷うことはなく、人生まっしぐらということです。

それで「**五十にして天命を知る**」、天が自分に何を期待しているかを悟った。「**六十にして耳順《したが》う**」これが立派です。みんなの言っていることを聞くということです。

日本人は人の話を聞くということはあまり得意ではありません。自分のことを言いたがります。日本の今の政治家は特にそうで、人のことはけなして、自慢ばかり言いたがります。

この点で孔子はやはりすごい。六〇にして人の話に耳を傾けると言っています。「**七十にして心の欲するところに従えども、矩《のり》を踰《こ》えず**」、恣《ほしいまま》に行動しても、もはや道を外すことはないとあります。

さて『史記』を読んだ後の私は、これを見ておかしく感じました。こんなことは『史記』には全然書いていないからです。

私は、この章句をこういうふうに読んでいます。

孔子はつらい人生、すごい人生を過ごしてきた。それで満足五割、不服五割くらいだけれども、まあ満足していると、諦観している。

自分の塾の弟子に君子の典型を教えるため、そう弟子たちに強がってみせたのではないか、自らをも鼓舞する人生訓だったのではないかと思っているわけです。

過酷な人生に裏付けられた言葉の重み

孔子は、自信満々に弟子たちにこう言ったに違いありません。しかし心の中は、ちょっと違っていたのではないか。

それであってもこれは素晴らしい言葉です。我々はやはりこの言葉に学ばないといけないと思います。

孔子は私生児として生まれ、学問で身を立てることを志し、魯の国で五六歳のときに大司寇（司法長官）になって外交でも功績を残し、大司寇のあとは宰相を兼務しています。

しかし魯の三つの貴族家に結束されて排斥され、足かけ一六年の間、自分を採用してくれるところを探して探して、最後には自分を採用してくれるところはどこにもないと悟り、六六〜六七歳になって魯の国へ帰ってきて教育あるいは文献の整理をした。

孔子は晩年そうやって過ごしましたが、死ぬ直前に、一番の後継ぎと思っていた顔淵（顔回《がんかい》）を失ってしまいます。その前には息子を失っていました。

「われ十有五にして」とは、孔子のこういう凄絶《せいぜつ》な人生から生まれた言葉です。深い意味と重みのないはずがありません。

『論語』と『史記』の孔子像のブレ

孔子は生国の魯で、かつては大司寇にまでなって成功したのですが、孔子と意見が違う三貴族によって排斥され、出ていくことになります。そうして亡命をしていくときの逸話にこんなものがあります。

斉の国は、このまま孔子が魯にいて善政を敷き続けると、やがて魯は強国となって困ることになると思い秘策を実践しました。

どんな秘策かというと、今の北朝鮮がやっていることとよく似ています。美女軍団八〇人を編成し、薄絹の怪しげな踊りをする歌舞団として魯の国へ派遣したのです。そうして魯の郊外に大テントを張り、その三貴族や君主をひっくるめて招待して連日連夜、そこで遊びふけってもらったわけです。堕落させたわけです。

それでもう孔子も呆れてしまって、こんな国はダメだと愛想を尽かし、三貴族と対立してしまいます。斉の外交はすごいですね。さすがは晏嬰です。一つも戦争をせずに、魯の国を弱体化させてしまいました。

隣国の斉というのは、周という国ができたときの一番の参謀宰相であった太公望が建てた国です。

魯という国は太公望を雇った周の王様の弟、周公旦が建てた国です。だから両国とも、ものすごくプライドがある。仲良くなったり喧嘩したり、戦争したり同盟したりを繰り返しやっていました。

大司寇、宰相の代理までやった孔子は、斉へ行って再就職しようとしてもダメでした。管仲の時代もそうですが、A国で宰相までいった人が、その後B国で宰相になる。ヘッドハンティングというのは、今日以上にあったわけです。

いま中国の古典とか、孔子のことをよく知っている人が、ヘッドハンティングはけしからん、忠誠心がないなどというのは、これはおかしな話です。

歴史を間違って勉強しておられるのではないでしょうか。

私はこの有名な「不惑」だとか、「耳順」といった言葉が非常に好きです。好きですが、孔子は果たして心からそう信じて言っていたのか。教育のために満々たる自信を示して、弟子に言った言葉であることは疑いありません。しかし、『史記』や『十八史略』、その後の孔子の歩みについて書いてある本を見ると、必ずしもそうではなかったのではないかと思うわけです。

七〇歳まで生きる人は、その当時ほとんどいません。

ところが現代は人生百歳時代。いま九〇歳で不惑というのならわかりますが、四〇歳で不惑なんて言っていては全然ダメですね。

孔子自身、四〇歳や五〇歳でもおおいに惑っていたと私は考えます。

四〇歳はまだ悩みに悩んで、もうちょっと精進して頑張ってくれと私は言いたい。孔子自身の弟子に対する見栄、願望ではなかったか、『史記』からはそのようにも読み取れます。

「学びて時にこれを習う、また説ばしからずや」の真意

『論語』の中で私が一番好きな言葉は「学而篇」の第一節です。

「子曰く、学びて時にこれを習う、また説《よろこ》ばしからずや。朋《とも》遠方より来《きた》るあり、また楽しからずや。人知らずして慍《うら》みず、また君子ならずや」。

これは「学而篇」のはじめに出てきます。私はこの三つは、普通の訳とちょっとニュアンスの違う解釈に、捉えています。

「学びて時にこれを習う」というには、学んだことをたまたまどこかで実践する機会があった、これは非常に喜ばしいことであるというのが普通の解釈です。

しかし本当にそうかと、だいぶ前から考えるようになりました。

孔子が言いたかったのは、また『論語』に参画した三〇〇〇人の弟子たちが言いたかったのは、「学びて時に」の「時に」とは、「常に」と同じ意味だったのではないかということです。

学んだことは常に実践してみようという心意気や実践の意志、それが習慣になったら、実に喜ばしいことじゃないかと言っているのではないか。

たまたま機会があったときにやるのではなく、日常的な行動として習慣づけること

が大事と読むべきというのが私の考えです。

特に読者のみなさんであれば、そう解釈すべきではないかと思います。

今まで学んだことがある。今日あそこで学んだことをたまたま実践することがあった。

たとえば、苛《いじ》めはよくないと学んだときに、偶然にも自分の友だちが苛められていた。それで止めに入ることができたから、よかったというのが普通の解釈でした。

これも一つかもしれませんけど、そういうことではないのです。

もっと強く主体的で、学んだ以上は実践する、実践に努める、そういうことができる、そういう習慣がついたらこれは非常に喜ばしい。

これが私の解釈です。

ぜひみなさんにもそうあってもらいたいと思います。

友と朋の大きな違い

「朋遠方より来るあり」。この句は昔、日本では「朋有り、遠方より来る。また楽しからずや」と訳されていました。最近は、「朋遠方より来るあり」と訳されることが多いのですが、私は昔からそのように訳していました。

朋があって、その朋が来たというそんな平易なものではない。朋が遠方から来てくれた。これはすごいことだという感嘆があるのです。

あとから『論語』季氏篇にも出てくる「友には三友あり」は「友」ですが、ここで言っているのは友人ではなく「朋」です。どういう意味かというと同門の弟子、兄弟弟子のことを指しています。

孔子塾の「朋」が、将来それぞれどこかの宰相や、どこかの大臣になって、たままこっちに来たので自分を訪ねてきた。同門の来訪、こんなに楽しいこと、嬉しいことがあるだろうか。

だからみなそういうふうに、出世した同門同士として再会できるように、努力しないといけないと叱咤激励しているのだと思います。

「朋」でなければそんなに痛快なことでもない。志も違う、同窓の友でもない、ただの知り合いが久しぶりに来たというだけのことです。

孔子の塾で君子とはいかにあるべきかと、白熱の論議をやっていた昔の朋が、それぞれ要職を務めている遠く違った国からやってきたという意味に捉えてもらったらよいと思います。

同門の出世と交誼を喜ぶ

現代に置き換えてみれば、大学で同じゼミにいた人たちが、いろんな会社に入って、それぞれ枢要な地位になり、そして尊敬していたゼミの先生のところに、かつての朋が集まった、こんな嬉しいことはないじゃないかということです。

あるいは会社の部長がある研究会をやっていた。それで自分が定年になった後、ニューヨーク支店長をやっている元の研究会メンバーが、自分のところを訪ねてきた、こんなに嬉しいことがあろうかという場面をイメージしてもらったらいいのかもしれません。

知人が遠くから来るといった浅薄なことを『論語』が言うわけがありません。孔子塾は教育塾ですから、そういうふうに捉えるべきです。

孔子がまた上手に、「朋」というのは自分の弟子のことだぞ、お前たちわかったかと言っているのかもしれません。大学の教授がそう言うのと同じです。

同じ釜の飯を食って勉強したのが「朋」、友人じゃない。それがわからないと「学而篇」の第一節を理解したことにならない。私はそう思っています。

『論語』の言わんとするところは学而篇にあり

「人知らずして慍《うら》みず、また君子ならずや」。これはもう、何回も似た言葉が出てきます。孔子は、その境涯で骨身に染みてわかっていたわけです。

自分は魯で、地方の市長から建設大臣から大司寇、司法長官まで、それから外交では宰相の代わりをやって、領土まで取り戻したのに、政敵によって国を追われてしまった。

さらに、諸国を巡っても再就職さえままならず、人は自分の真価をわかってくれない。それでも、そういうことを恨みに思わないのが君子というものだと言っています。『論語』では、私に一国を任せたら一年で正常にして三年経ったらものすごくいい国、立派な国にしてみせると言って、ちょっと恨みがましいところも見せています。

その裏には、自分はこれだけ勉強してこれだけ実力があるのに、人はわかってくれないという思いがあって、それでも周りの人を恨んではダメだと自分に何度も言い聞かせているわけです。

弟子に言っているような顔をして、実は感情を抑えて自分に言い聞かせています。

『致知』定期購読お申し込み書

太枠内のみをご記入ください

お買い上げいただいた書籍名	

フリガナ		性別	男 ・ 女
お名前		生年月日	西暦 年 月 日
会社名		役職・部署	
ご住所（ご送本先）	〒 ー 自宅・会社（どちらかに○をつけてくださ		
電話番号	自宅	会社	
携帯番号		ご紹介者	
E-mail	@		
職種	1.会社役員 2.会社員 3.公務員 4.教職員 5.学生 6.自由業 7.農林漁業 8.自営業 9.主婦 10.その他（ ）		
ご購読開始	最新号より 毎月 冊	ご購読期間	□ 1年 10,500円（定価13,200円） □ 3年 28,500円（定価39,600円）（送料・消費税含む）

※お申し込み受付後約5日でお届けし、翌月からのお届けは毎月5日前後となります。

弊社記入欄	

- ●お客様からいただいた個人情報は、商品のお届け、お支払いの確認、弊社の各種ご案内に利用させていただくことがございます。詳しくは、弊社ホームページをご覧ください。
- ●初回お届け号にお支払いについてのご案内を同封いたします。
- ●定期購読契約の解約等についての注意事項
- ・年間契約制になっており、**原則として途中解約はいたしかねます。**
- ・ご解約は購読期間満了時での解約となり、次回契約の購読料金の請求は行われません。
- ・お申し込み後、ご解約の際は弊社お客様窓口までご連絡下さい。
  TEL 03-3796-2111（平日9:00～17:30）

FAXでも、お申し込みできます

FAX.03-3796-2108

郵 便 は が き

料金受取人払郵便

渋谷局
承 認

7101

差出有効期間
令和6年10月
31日まで
(切手を貼らずに
お出しください。)

1 5 0-8 7 9 0

584

(受取人)

東京都渋谷区神宮前4-24-9

致知出版社 お客様係 行

特 徴

人間学を探究して45年

過去にも未来にもたった一つしかない、この尊い命をどう生きるかを学ぶのが人間学です。歴史や古典、先達の教えに心を磨き、自らの人格を高めて生きる一流の人たちの生き方に学ぶという編集方針を貫くこと45年。『致知』は日本で唯一の人間学を学ぶ月刊誌です。

11万人を超える定期購読者

創刊以来、徐々に口コミで広まっていき、現在では、経営者やビジネスマン、公務員、教職員、主婦、学生など幅広い層に支持され、国内外に11万人を超える熱心な愛読者を得ています。地域ごとの愛読者の会「木鶏クラブ」は国内外に152支部あります。

日本一プレゼントされている月刊誌

大切なあの人にも『致知』の感動と学びを届けたい。そんな思いから親から子へ、上司から部下へ、先輩から後輩へ……

様々な形で毎月3万人の方に『致知』の年間贈呈をご利用いただいています。

1200社を超える企業が社員教育に採用

『致知』をテキストとして学び合い、人間力を高める社内勉強会「社内木鶏」。

現在、全国1200社の企業で実施され、「社長と社員の思いが一体化した」「社風が良くなった」「業績が改善した」など、社業発展にお役立ていただいています。

各界のリーダーも愛読

『致知』は政治、経済、スポーツ、学術、教育など各界を代表する著名な識者の方々からもご愛読いただいています。

それでも私は人に文句を言わない。だから自分は君子でいられるのだ。これが孔子の心の内の叫びだったのではないでしょうか。

孔子の塾には、先生のところで三年も勉強したのだから、どこか就職の世話をしてくださいという人が、どんどん入ってきます。

そういう弟子たちに向かって、自分の心の底は表には出さずに、「人知らずして慍みず、また君子ならずや」と言っているわけです。

この「学而篇」の最初の三つは、古来「小論語」とずっと言われてきたところで、私は『論語』で言わんとしていることは、この三つに集約されていると思っています。

「人の己を知らざるを患えず」は人生のドライビングフォース

サラリーマンの一番の欠点は、同僚が出世したら表面では「いや、おめでとう」と言うけど、心の中では悔しくて、悔しくてジェラシーが募ってどうにもならないところです。

聖徳太子の十七条憲法を知っていますね。

十七条憲法というのは君子に向かって言っている言葉です。その十七条憲法の第一四条には、「同僚にジェラシーを感じるな、人の出世にジェラシーを感じるな、あなたはあなたの最善を尽くせ」とあります。

聖徳太子は『論語』や孔子の言うことをちゃんと取り入れています。たとえば「和を以て貴しとなす」、「わ」ではなく「やわらぎ」と読むのですが、そこもやはり聖徳太子が「学而篇」を非常に重要なことだと思っていた証拠ではないかと思います。

君子にとって人にジェラシーを覚える、妬《ねた》みを持つということほどマイナスなものはありません。

ところが、なかなかできることではない。これができたら大変なものです。学而篇の最初の三つは、三つともできないことです。だから、できないことができたらこれは非常に楽しい。

これができたらもう君子だということを最初に言っているわけです。

弟子たちは、この三つを冒頭へ持ってくるまでに相当議論をしたと思います。私は学而篇を読んだときにこれを第一番に持ってきて、よく弟子たちの中で喧嘩が起きなかったなと考えました。

でも、これは喧嘩があっても正常なことではないかと思います。

喧嘩もなしに冒頭に持ってこられたのだろうかと、考えることもなしにこの三つを平易に説明するというのは、孔子とその弟子たちに対する評価が浅いのではないかと思います。

人を妬むようでは君子失格

「人知らずして慍みず、また君子ならずや」には「人の己を知らざるを患《うれ》えず。人を知らざるを患う」というよく似た一句もあります。

君子とはいかなるものか、君子の有すべき徳とは何かと、何度もその核心を追求していたことが窺われます。

「人知らずして慍みず、また君子ならずや」、「人の己を知らざるを患えず。人を知らざるを患う」、これらはいずれもビジネスパーソン、官僚に、組織で仕事をする人たちにとって非常に重要な教えです。

人がどれだけ努力して出世したかには考えが及ばず、人が自分より先に出世したことだけを恨んでいるようではダメだ。

その人がどれだけ努力したかを知らないのだから、濫《みだ》りに人を恨む、妬むようなことはせずにおめでとうと心から言ってあげる。それで、自分が後れをとった事実を認め、それを精進のドライビングフォース（駆動力）にする。

それが君子ではないかと言っています。

孔子が二七〇〇年前にこういうことを言っているのは、あたかも今日の世の中を知っていたかのようです。

日本は学卒同時一括採用ですから、みなさんの部下にも必ず同期というのがあって、係長くらいまでは、ある程度一緒に上がっていくのですが、そのうちに差が出てきます。

結果、出世の遅れた部下に対して道理を説明し納得させる、また元気を出させるために励ますときは、やっぱりこういう言葉を使わないといけません。

「彼だって人知らず勉強していたんだぞ、君が努力しているところは必ず見ている人がいるから腐らずに頑張れ」

こう言って激励するとき、前述した「人知らずして慍みず、また君子ならずや」などの話を添えてやるといい。これは非常に大切な訓言です。

「人の己を知らざるを患えず。人を知らざるを患うるなり」とは、人が自分のことを知ってくれないと思いわずらうな、必ず誰かが見ている。自分こそ周りの人の偉いところを知らないのではないかと、孔子もまた、そう言って自分自身を励ましていたのではないかと思います。

人事の評価は定量で

私は企業の中で、たまたま執行役員になり取締役になり、社長になりましたが、人事考課を見ていると、優秀だと言われ素晴らしい能力があって、切れ味も鋭いと言われた上司でも、実はそうでないときのほうが多いと感じていました。彼我《ひが》の差はものすごい開きがあるわけではありません。人の能力には大差がないのです。

上司が部下の人事評価を評点するのに、長所を一つも書いていない、欠点だけが書いてある。これはやはりよくない。

私なら長所を書いてやって、その上でこの点を直したらさらによくなると、そういう評価の仕方をします。そうした評価であれば、七〇点ではなく、たとえ五〇点でも不服なしと部下は納得します。

孔子の時代は定量的な評価の基準がなかった。そのため「人の己を知らざる」「己の人知らざる」となったわけです。お互いの評価の基準が違うとこういうことが起こります。日本は今でもそうです。

先述したとおり、日本は職務基準書なしに人事考課を行ってしまいます。

海外に子会社や支店を持ったら、現地採用の部下の人事考課をつけなくてはなりませんが、このとき日本人はまずダメで、あれはいいやつだとか、あれはちょっと態度がよくないとか、部下にまったく納得されない評価をしてしまいます。

外国では部下を一〇人持ったら、一位から一〇位のうちあなたは何位だったかを、その採点基準とともに明らかにした上で、給料はいくらという約束だったけど、あなたはプラス一割ほど上げますとか、あなたはパフォーマンスが悪かったから上がりませんということをデータで示します。

プロスポーツの年俸査定と同じです。

それらが全部表になっています。たとえば営業マンだったらいくら売る、会社の開発した製品をどれだけお客様に紹介しに行ったか、それでどういう反応で、どういう結果を出したのか。

この評価基準と結果が一覧表になっていますから、結果と評価基準が一目瞭然です。

こういうことが決まっていないとジェラシーが起こる、人を恨むのはこういうデータがないからです。

問題は基準が明確に定まっていないことにあります。したがって、部下がジェラシーや恨みを持つのは上司の責任です。

今の日本は二七〇〇年前から何も進歩していません。

日本が世界で後れをとる理由

世界には二〇〇くらいの国がありますが、今でも学卒の同時一括採用をやっているのは日本だけです。

先述したとおり、これはダメだと思っています。

同様にこれも先述しましたが、採用するときにはJob Descriptionが必要です。職務記述書がなければなりません。

職務記述書の構成要素は三つで、一つ目はJob Span、二つ目はJob Quality、三番目はJob Performance。Job Spanというのは職務の範囲、経理なら子会社だけか、ホールディング全体かということです。

上場企業の経験は何年ありますかいうのはJob Qualityで、Job Performanceとはプロ野球でいえば出来高払い。あなたが売上三〇〇億円を一割増やしたら、報酬としてこれくらいお金を払いますよということです。

外国ではこれが決まっています。ところが、日本は決まっていない。Job Descriptionなしに、メンバーシップ型とかジョブ型とか非常にいい加減な表現をしています。

定量評価するためには、計測技術も必要になります。

野球で言えばアメリカのメジャーリーグの放送で、大谷は二刀流だけど一六二キロの球を投げて、その球の回転数がいくつで、回転の角度は何度でと、そういうことをデータを取って解説しています。

ところが日本の選手や監督で一流だった解説者は、あの球は生きていますねとか、あの球は重い球ですねとか、何を言っているのかさっぱりわかりません。

今のサッカーの選手は全員にセンサーを付けて、何キロ走ったか、最高速度はいくらで走ったか、それからカメラで撮ってパスを受けたのは何回か、相手の球を奪ったのは何回かと、チームの専門スタッフが解析データを取っています。

私は技術屋だから特にそういうことに関心が向きます。

明治時代まで日本に権利はなく、あったのは義

「位無なきを患えずして、立つ所以《ゆえん》を患えよ。己を知らるるなきを患えずして、知らるべきをなさんことを求めよ」とは、これも出世しないことを憂うるなということです。

あなたは出世したい、出世したいと言っているけど、出世する価値のある人間なのかと考えたことがあるか。それをまず心配せよ。

自分は何も知らないということを一所懸命心配せよ、次いで自分には知ってもらう価値があるということを一所懸命考えよと、かなり手厳しいことを言っています。

こんなことを部下に直接言ったらダメですから、紙に書いてどこかに貼っておくくらいがちょうどいいかもしれません。間接的に伝えることです。

日本が仏教を得て『論語』を導入した頃、支配階級の貴族と下級貴族、地方の国主、国造《くにのみやつこ》、そういう人たちのモラルとして聖徳太子は十七条憲法をつくりました。十七条憲法は義務、「義」だったわけです。

孔子は「仁」の次に「義」が大事だと言っています。そして義を実行するには勇気

が要るということも言っています。

この「義」に関連してですが、明治時代までは日本には「権利」という言葉と概念はなく、あったのは「義」で、日本では長らく「義」だけがありました。

第四章

孔子の息づかいが感じられる『論語』の読み方

「四書五経」

「四書」とは『論語』『大学』『中庸』『孟子』の四つの書物のこと、「五経」とは『易経』『詩経』『書経』『礼記』『春秋』の五つを指す。

『論語』は孔子の言行を弟子たちが編纂したもので日本には三世紀末に伝わった。『大学』は孔子の晩年の弟子である曽子《そうし》の作、『中庸』は孔子の孫で曽子の弟子だった子思《しし》の作、『孟子』は孟子と弟子たちの言行録。

「五経」は孔子が著作または編纂したと伝えられている。儒教の経典は「五経」が中心であったが宋代に入って『論語』や『大学』が重んじられはじめ、朱熹《しゅき》が『四書集注』を著すに至って四書が中心となる。

わが天命は君子の育成にあり

私の考える『論語』とは、孔子からいえば君子を育てること、弟子たちからいえばどうやったら君子になれるか、そもそも君子というのは何かを追求した書です。

君子になるためにはどうしたらいいか、ということが『論語』の一つの主題です。その君子の一番重要な構成要素は何か、何が君子の証かといったら、それは「仁」である。「仁」を理解して実践できる人。実践というのは、たまにではなく一生涯を通じて実践し続ける、そういう「仁」の実践者が君子であるとしています。『史記』の編纂者である司馬遷は孔子の弟子は三〇〇〇人と言っていますが、その中で優れていた孔門十哲、あるいは十二哲といわれる弟子と孔子との問答集が『論語』です。

孔子とその弟子たちは、「仁」を修めた「君子」による徳治政治の実現を究極の目的としていました。それが塾の目的でもあります。

「これを道《みちび》くに徳をもってし、これを斉《ととの》うるに礼をもってすれば、恥ずるありてかつ

格《ただ》し」。これは管仲の「倉廪実つれば礼節を知り、衣食足れば栄辱を知る」と相対しています。

孔子は礼節を知れば恥というものが分かる、とした。一方、その一五〇年から二〇〇年くらい前の管仲は、経済的に潤わなければ礼などの概念はわからないと言っています。

しかし、そういう鶏が先か卵が先かという議論を振り払って、孔子は「仁」こそ大事だと断言しているわけです。

弟子は下級士族

当時は階級社会です。士農商工という階層は管仲が考え出しました。管仲が書いたのは士が一番上で次に農業に従事する人、次に商売に従事する人で、最後が物を作る人でした。

これが日本に伝わり徳川幕府が取り入れましたが、そのとき儒教の影響から、士農工商と改変をします。匠《たくみ》、大工さんだとか技術者は、お金を扱う商人よりちょっと偉いということにして士農工商としたわけです。

家康のすごいところは、おそらく中国の『管子』や『論語』を読んでこういう社会制度に近いものをつくっていったところです。それが徳川三〇〇年の基礎、社会的基盤になっていきました。

中国の「士」という階層には、一番上に「卿」、その国の王族に極めて近い親族、皇族、貴族です。次に「大夫」、大臣クラスです。それから「士」、この三層から成っています。

孔子にとっては「士」以上が育成すべき「君子」の対象です。君子を育てるといっても、「士」以上の人しか相手にしていません。農商工の人は弟子にはいない。ただし、「士」でも金持ちとか、上級クラスの人はほとんどいませんでした。下級層、下級士族ばかりが弟子になっていました。

そういう下級ではあるけれども、志のある士族が集まって、ハーバード大学の「サンデル教授の白熱教室」のように、孔子の塾でも、白熱した議論の応酬がなされていました。それは『論語』の中に何回も「君子」、「仁」が出てくることからも、容易に窺い知ることができます。

定義をしない『論語』

『論語』は「君子」とか「仁」について、「君子」とはこういうものですとか、「仁」とはこういうものですといった定義づけをしません。

これはヨーロッパなどの哲学とまったく違うところです。

哲学というものは、何かある言葉が出てきたら、その言葉の定義が必ずあるはずですが、『論語』には「仁」や「徳」「君子」といった言葉の定義がない。

弟子が何か訊いてきたら、その都度、いろんな答えを出してくる。

私は、これがかえってよかったのではないかと思っています。常に自由に考えさせる姿勢であることもいいですが、下手な解釈で定義づけをしていたら、時代が変わってその時代に合わなくなったときに、忘れ去られてしまいます。

『論語』は言葉の定義づけをしなかったからこそ、我々は今でも『論語』を読んで、人間学というものと重ね合わせ、人間のあるべき姿などといったことについて、いろいろ話をしたり考えたりすることができます。

これも『論語』の特徴ではないかと思っています。

君子とは何かを追求した議論の深さ

「士はもって弘毅《こうき》ならざるべからず。任重くして道遠し。仁もって己が任となす。また重からずや。死して後已《や》む。また遠からずや」

これは『論語』第八章の「泰伯篇《たいはく》」で曽子が言っています。曽子の言葉です。

曽子は孔門十哲には入っていません。孔子晩年の弟子で初期からの弟子ではない。才気煥発《かんぱつ》なタイプでもなかったと言われます。それでも、その言葉には深みと強い覚悟があります。

この「士」というのは君子の意味です。君子というものは非常に見識が広くて、精神も心の持ち方も非常に強固、そういう志を持っていなければならない。

なぜなら君子の任は重い。その上、道は簡単に習得できるようなものではない、道は遠いのだ。だから君子たる者は、この「仁」というものを、自分の一生の目標、ターゲットにしないとダメだ。君子の任とはなんと重いことか。

こういうことを言っています。

もう少し噛み砕いて言えば、こんなすごい仕事、任務は、一〇年や二〇年で簡単に終わるものじゃないぞ。死ぬまでかかって、死んで初めてその任を追求するという君子の役割が全《まっと》うできるのだ。
定年などはないぞ、引退もないぞとこう言っているわけです。

「死して後」、死んで初めてそれぞれの任、すなわち「仁」を追求するという任務が終わるのだ。本当に遠い道だ。
そういうことを、孔子塾ではみんなで熱く語り合ったよな、と曽子は書いているわけです。

これを見ただけでも、やはりみんなが「君子」と「仁」を、いかに真剣に考えていたかということがわかるのではないかと思います。

「士はもって弘毅ならざるべからず」。士すなわち君子とは弘毅である。「弘毅」の弘は広い、見識の広いことで小さな考えにこだわらないということです。
次に「弘毅」の毅とは、ちょっとやそっとではへこたれず、精神面を磨いて強くしないと、そう簡単に「仁」はわからないぞ、私利私欲に走るなんてとんでもないぞと、そういうことを言っているわけです。

現代の仁者

ウクライナのゼレンスキー大統領は、自分の配下の汚職をした人をみんなクビにしました。あれも素晴らしい。彼はやっぱり仁者ではないかと思います。

配下の人物は、今までずっと友だちだったわけですが、汚職は許さないという姿勢を貫きました。

管仲の「明刑」、明らかなる罪と刑は暴ならず、明らかなる賞と刑は徳の極みなりです。『論語』には「徳は孤ならず。必ず隣あり」とあります。

ゼレンスキーは自分の友だちを全部クビにした。恨まれると思います。どこかで引っくり返されるかもしれない。しかし、あと一〇年、二〇年経ったとき、やっぱりゼレンスキーはすごかったという理解者が必ず現れます。

ゼレンスキーは弘毅《こうき》なる人物であったと。

今でもやはり仁を達成するというのは「任重くて道遠し」です。

まだロシアとの決着がつかないのと一緒で、私には曽子の言ったことが、ゼレンスキーの置かれた環境と重なって見えます。

言葉の表面をなぞることから真意を追求へ

「**子曰く、君子、能なきを病**《うれ》**う。人の己を知らざるを病えず**」

孔子自身は自分が人に知られない、自分が高い位置にポジションにつけない。これは残念でならないけれど、それを恨むな。

それよりも勉強せよ、さらに一所懸命になって励め。それで他人が勉強していることを、よく理解してやれとここで言っています。

これは、孔子は死ぬまで自分はもっと偉くなりたい。管仲のように大国の宰相を四〇年もやって、一国を支える役職に就きたい、そして「仁」を実践したいと思っていたわけです。

然《しか》るに、自分はこれだけ努力しているにもかかわらず、人は知ってくれないと自分自身がそういう恨みがましい心境になることが多々あったのでしょう。

しかしそれを抑えて、自分を抑えながら弟子に向かい、君らの苦労とか、勉強なんて大したことないよ。君らは俺は勉強していると言っているけど、そんなもの大したことないよと、自分にも言い聞かせ、弟子にも言い聞かせていました。

これもビジネスパーソンや、組織の人間にとっては非常に重要なことです。

俺よりあいつが先に課長になった。俺のほうができるし、才能もあるのになぜだ。そう思う場面は何度もあります。

でも、そんなこと思ったってダメだよ。そんなことを思って、自分自身にマイナスのイメージを植え付けるより、自分はまだ足りないのだ、もっと勉強しよう、もっと明るい気持ちで努力しよう。そのほうがいいよ、そうやって人を認めていくほうが、結局は自分も認めてもらえるよ、とこの言葉は諭してくれています。

自分への過剰評価と他人への過小評価という罠

私は八二歳になろうとしていますが、ビジネスパーソンが一番失敗する原因は、どうしても自分を過剰評価したがることにあると思っています。

自分を過剰評価せず、他人を認めてもらうためには何をすればいいか。

それは自分に一票を投じてはダメだということです。他人に投票する心の広さがないと誰も自分に投票してはくれません。これも非常に重要なことだと私は思います。

仮に自分を認めてもらいたいと一回思ったら、周りにいる人の長所を見つけて一〇回は他の人を評価してあげないとダメです。あの人は立派だよ、こういうところが立派だよ。こっちの人は、こういうところが立派だよと言えない人はリーダーになれないと私は思っています。

そういうことを、孔子はもう口を酸っぱくして何回も、何回も言っています。『論語』でも、これに類することがおそらく一〇回以上出てくるでしょう。ところがビジネスパーソンの多くは、そういうことを忘れてしまって、上司はお世辞を言っただけなのに、そのお世辞こそ自分の本当の評価と思い込んでしまうのです。

利とは義を積み重ねた結果

「**子曰く、君子は義に喩**《さと》**り、小人は利に喩る**」。これは、上に立つ立派な人は判断の基準を私利私欲から離れて、組織だとか国だとか社会にとって一番いいのは何かと考えるということを言っています。

儒教では「四書五経」を非常に重要視しています。五経の中に『春秋』という歴史書があり、その注釈書に『春秋左氏伝』があります。

『春秋』については、孔子が編集にちょっと関係したのではないかと言われています。

この『春秋左氏伝』の中に「義は利の本なり」という有名な言葉があります。

もうひとつは「利は義の和なり」。利というのは義の総和であって、私利私欲を忘れて義を追求、実践していると、その積み重ねが最後には利となって自分に返ってくると言っています。

『易経』にも「積善の家には必ず余慶あり」とあります。

『易経』や『春秋左氏伝』に書いてあることから見ても、孔子は確信を持って「君子は義に喩り」、君子は義をまず第一に考えるが、小人は利を優先する「小人は利に喩る」と言っているのだと思います。

先ほど述べたウクライナでは、ロシアとの戦争で男子はみんな国内にいて戦いに備えなければならない、外国へ行ったらいけないのに、ある大臣はスペインでレジャーを楽しんでいたという新聞報道がありました。

これがまさに小人の振る舞いと言えます。

利は劣後とする

義ばかりを優先していたら、自分の生活はいつ安定するのかと心配になるかもしれませんが、孔子はそんなことは心配するな。義の積み重ねは必ず利となって返ってくる。だから利のことなんか考えなくてもいい。義に一意専心せよと言っています。

会社で役員になってダメな人は、能力がないのにどうやって任期を延ばそうかとか、そんなことばかりを考えているタイプです。だから『論語』を習った人は「君子は義に喩り、小人は利に喩る」を忘れてはいけません。

また、「**子曰く、速やかなるを欲するなかれ。小利を見るなかれ。速やかならんと欲すれば、則《すなわ》ち達せず。小利を見れば、則ち大事ならず**」とは、「義は利の本なり」と「利は義の和なり」の言い換えをしています。

そうやって、孔子は何回も言い直しをしています。

義と利の関係は、孔子が編纂に尽力した魯の歴史書『春秋』にも書いてありますし、『春秋左氏伝』にも書いてあります。『易経』にもある言葉です。ですからこれは、孔子にとっても非常に重要な言葉だったと思っております。

君子は器ならず一芸では不足

この言葉も私は好きです。「子曰く、君子は器《き》ならず」。「器ならず」というのは、普通の君子というものは、たいてい一つのことしかできないのですが、それでは役に立たない、本当の君子は一芸ではダメだと言っています。

それは祭祀で祀る器のようなもので、器とはたとえば茶碗だったらご飯だけ、お椀だったら汁物だけ、蝋燭《ろうそく》立てなら蝋燭だけ、線香立ては線香だけと、一つの器は一つのことにしか役に立ちません。それが「器」です。

そういうものではいけない、多芸でないとダメだと言っているわけです。

今盛んにリスキリング、リカレントなどと言われています。リスキリングとは、今のスキルに加え、別のスキルを身に付けることです。マーケティングスキルに加え、デジタルスキルも身に付けよう。さらには、ファイナンススキルも。そのようなことを言います。

リカレントとは、今まで自分はずっと技術職だったけど、大学に入り直して歴史のことも勉強してみよう、経済のことも勉強してみようということです。

君子たるもの、一つの能力しか持たない人物であってはならないと戒めています。君子の一番の目指すところは、魯とか呉とか楚とか、斉、衛などの国の宰相か、せめて卿、大夫くらいになることですから、そういう地位になったら、一つの技術、職業能力だけでは務まらないと言っているわけです。

だから常に勉強せよと言っています。

自ら実践するのが君子

いま世の中はDX＝デジタル トランスフォーメーションと言っていたと思ったらGX＝グリーン トランスフォーメーションと言い始め、AIと言っていたと思ったら次は生成AIと言っています。

そういうことは、会社のトップが言うわけです。

ところが、そのトップがリスキリング、リカレントをやっているかというと、そんなことはなくて、全部下の者にやらせようとしています。これはもう君子ではありません。

日本の今の経営者がダメなのは、外国で流行った言葉を、そのまま借りてきているだけのところです。自分のオリジナルで言っていることではありません。ＲＯＥ＝リターン オン エクイティだとか、リターン オン セールスとか、日本語（前者は株主資本利益率、後者は売上高利益率）で言えばいいものを全部英語で言ってみて、さもわかったような顔をしている。

何も経験したことがないのに、です。

大学の教授もそうです。ＲＯＥ＝リターン オン エクイティが重要ですよと言って、それで商売になるのだったらこんなに有り難いことはない。

それを言う以上は、それをやってみせないとダメです。

この「器ならず」の裏には、孔子はすで「学びて時にこれを習う」で述べたように、実践躬行《きゅうこう》しないとそんなものは昨日と同じ器でしかない、口が達者なだけで「巧言令色、鮮し仁」になってはいけないという戒めが含まれているのです。

流行を追うだけの経営をしてはならない

だから会社でＤＸをやれ、ＤＸが大事だぞと言う社長がいますけど、本気でそう思って言っているのか疑わしいところがあります。

ＤＸとは何かといえばデジタライズです。要するに、今まで目に見えなかったことを計測機器を開発し、あるいは計測方法を考えて数値化すること。

そういう技術があって、初めてＤＸというものが成り立つのに、何を数値化するのか、その数値化する計器はあるのか、計器の信頼性はあるかということを何も考えずに、ただＤＸは大事だと言っているにすぎません。

社長、ＤＸは大事です。おお、そうか、じゃＤＸ本部をつくれ。これでは何をやっているのかさっぱりわからない。そういう会社もあるのではないかと思います。何も実践しようなんて考えていないのですから、「器ならず」より「巧言令色」よりもさらに悪い。やってはいけないことです。

ですから、ＤＸ本部長をやれなどと言われたら、何をＤＸしようとしてお考えですかと、やんわり質問してみないといけません。

『論語』では、そういう質問が必ずあります。

「仁」というのは何ですか、そのように弟子のほうからしつこいほど聞いています。

「君子」についても、私は君子ですか、いや、お前は君子ではないと、そういったやりとりが何度も出てきます。

よい師はよい弟子を持ち、よいリーダーはよい部下を持つ

孔子は『論語』で唐突に「**子曰く、管仲の器は小なるかな**」と言っています。私はずっと中国の古典を読んでいて、管仲は孔子の最大のライバルで、孔子が目標としていたのもやはり管仲だと考えています。

管仲は下層の士の階級から這い上がってきて、斉という大国の宰相になって四〇年もその座にありました。

宰相は通常二人はいます。王も賢いですから宰相を二人置いて互いに牽制《けんせい》させ、一人の宰相に権力が集中しないようにしているわけです。

その宰相も、だいたい二〜三年で交替させています。これも宰相の権力が大きくなり過ぎないための安全策といえます。

いずれも宰相が王の地位を脅かす存在にならないための対策ですが、その中で管仲は、四〇年間ずっと宰相を続けてきました。実力、人望、信頼が抜群でした。

管仲の評価は歴史上でも非常に高く、孔子と同じ時代に斉の宰相をやっていた晏嬰という人と並ぶ名宰相として、『史記』に両者の伝記「管晏列伝」が載っているわけ

です。

管仲の器は小なるかな

その管仲について、孔子は器が小さいと言っています。なぜそう言ったのか。誰かに質問されたわけではなく、「八佾《はちいつ》」のところでいきなり「管仲の器は小なるかな」と言い出します。

その理由として、管仲は王と一緒ぐらいのすごい豪邸を三カ所に持っていたことを挙げています。ところが、これらの豪邸はそれぞれ重要な役所で、専任の役人たちもそこへ勤めていましたので何も悪いことはない。

では何が悪いのかといったら、その屋敷の門のすぐ内側に大きな木が植えてあることです。そこに木を植えるのは、王侯貴族が大きな屋敷の内側が見えないように大きな木を植えて、カーテンの代わりにしていたからです。

管仲は王侯貴族ではありませんから、これがまずよくない、身分不相応なものであり、礼に欠けると孔子は批判しています。

もう一つ、聞くところによると管仲は、パーティーのときに王侯貴族が飲んだ杯を置く台を管仲自身も使っている。これも身の程知らずの振る舞いである。

だから管仲は礼を知らないやつだ、礼に反するやつだとして、器が小さいと批判しているのです。

孔子の判断基準は「義、礼、仁」ですから、礼に欠ける管仲は器が小さいということになります。

器でも瑚璉

第一章でも少し触れた子貢は、孔門十哲の二番目か三番目の人ですが、自分では一番目でもいいと思っていたようです。その子貢が自分は君子かどうかと孔子に尋ねます。

子貢は以前に、他の弟子のことを孔子が彼は君子だと言っていた（公冶長《こうやちょう》篇第五）ものですから、彼が君子なら自分もそうだと思って、私はどうでしょうかねと自信満々で訊いたわけです。

そうすると孔子からお前は「器」だと一発でやられてしまいました。

あいつを「君子」と褒めるのだったら、当然自分もそれぐらいだろうと思って聞いてみたら、お前は「器」だと言われたので、子貢はすこしムカっとして、俺のことを「器」と言うのだったら、どんな「器」ですかとさらに問いました。

孔子もちょっと言い過ぎたかなと思ったのか、「瑚璉《これん》なり」と答えます。

「瑚璉」というのは、先祖を祀るとき一番重要なものを盛りつける器で宝石、玉が散りばめてあったと言われています。

「瑚璉なり」と言われても子貢は不満でしたが、ちゃんと黙って聞いていました。

子貢の弟子力

孔子の教えや存在が現代まで伝わったことの半分以上は、子貢の功績だと私は思っています。

子貢は大変なお金持ちでした。『史記』で司馬遷が、古代から司馬遷の時代までのお金持ちの伝記を書いた「貨殖列伝」にも堂々と登場しています。

子貢はいつも四頭立ての馬車を乗り回し、その前後に護衛の騎馬兵を連れていました。孔子のところへ来るときもそうでした。

また、斉の国へ行ったときには、斉の国の王が玄関まで迎えに出たほどの大金持ちだったのです。

しかしそんな子貢も孔子にかかったら、コテンパンでした。

この子貢は、魯の国と衛の国の宰相を務めています。そして孔子のことを褒めています。『史記』によれば、子貢は孔子より立場が上なのではないかという人が、たくさんいたとされています。

大金持ちでしかも宰相ですから、孔子のことをまるで知らない人はそう思ったでしょう。それに、そういう風説を流して、孔子と子貢を仲違《なかたが》いさせようと企む悪いやつもいました。

しかし子貢は、いや孔子先生は偉いんだと言い続け、斉の君主から孔子さんはどんな人ですかと問われても「とにかく偉いんだ、すごく偉いんだ」と言っています。

斉公が何が偉いのですかと重ねて尋ねても「いや、それはわからないんですよ」と言います。すると斉公は、何が偉いかもわからないのに、何でそんなに偉いとわかるのですかとさらに訊いてきます。

そのときの答えがまた奮っていて「斉の王よ。あなたはもちろん私も子どもも、空が高いということはわかっている。みんなわかっている。だが、空はどこまで高いかと訊いて誰かわかる人はいるのですか。孔子様はそんなものです」と返しました。

孔子の管仲と並ぶ功績

孔門十哲の中で、孔子は子貢をこう褒めています。

子貢は、外交官にしたら素晴らしい。言論が特に優れていると。

子路にせよ顔淵にせよ、孔子の弟子はみんな孔子のことを褒めています。

したがって重要なことは、ある組織の上に立って評判をよくしようと思ったら、いい部下を持たないとダメだということです。うちの社長はどうにもならんと、部下に言われるトップではいけません。

孔子がなぜ立派になったかといえば、よい弟子をたくさん持っていて、そのいい弟子がみんな「君子」になろうとして「仁」を実践したからです。

よく考えてみてください。

ソクラテスは弟子がよかった。吉田松陰も弟子がよかった。適塾の緒方洪庵《こうあん》にも、大村益次郎や福澤諭吉、高峰譲吉など、すごい弟子がたくさんいた。

ですから孔子の何が偉かったかというと、弟子が偉かったのです。

つまり、人材を育てたということです。孔子は、管仲を非常にライバル視していましたが、ほとんどの点で敵《かな》わなかった。

しかし、管仲が最重要視していた「終身の計は人を樹うるに如くはなし」、すなわち人材育成では、孔子は歴史上において最も人を樹えた人です。実にたくさんの人を育てました。

優れた器を使うのがリーダー

もう一つ「器ならず」ということで言うと、君子たるものは六芸に通じないといけないとされていました。

「六芸」というのは六つの技術です。「礼」、それから「楽」。音楽というのは先祖を祀るために非常に重要でした。しかし、その楽譜は今は残っていません。孔子は音楽が非常に好きでよく学び、歌ったといわれています。

それから「射」、弓。それに「御」、馬を操ること。「書」、文学。最後に「数」、算術、数学です。

孔子は六芸の「書」や「礼」、それに「楽」がすごいということはみんな知っていましたが、あなたの得意な芸は何ですかと問われたとき、孔子は私の得意なのは何か、あまりないけれども強いて言えば「射」と「御」かと答えています。

俳優の松平健が徳川吉宗を演じるとき、吉宗はいつも弓を引いている。あれは君子の武芸は弓を引くことだという言い伝えがあって、「射」から来ている可能性があります。

次に「御」。「御」というのは、大将になれば必ず馬車に乗って中央で指揮をします。だから馬車、戦車に乗ることが不得手では話になりません。

孔子は「礼」、「楽」、「書」はすごい、それに「射」、「御」も得意だった。しかし、ここに「数」がないわけです。

「数」というのは数学の数です。管仲はこの「数」が得意でした。「数」というのは何かといったら財務、税金、それと軍事の「数」。軍事力とは数字の比較ですから、ここが管仲と孔子の違うところでもあります。

リーダーならリスキリングでも、リカレントでもいろいろなことをやって、六芸に長じることが大切です。それをしていない、そういうことを勉強していないとダメだと言っています。

本当はその「器」を使うのが、君子だという思いが裏にあるのかもしれません。

「器」、部下は優秀な「器」。たとえ「器」ではない部下でも、そういうものをうまく使えるのが君子だと言っている可能性があります。

だから私は、この「君子は器ならず」は非常に短くてシンプルな言葉ですが、非常に好きな言葉でもあります。

リーダーたる人は、これを拳拳服膺《けんけんふくよう》してもらいたいと思います。

小人は同調圧力に屈する

「**子曰く、君子は和して同ぜず、小人は同じて和せず**」。これも非常に重要な言葉だと思います。

今の日本、今の世界において、この一句には大事な意味があります。君子は和音と同じで、合唱するときでもみんな同じ音階ではなく、二つの音、三つの音、それぞれ違った音階でハーモニーを出していきます。

それぞれ自分の役割を持っていながら、その組織や国の大きな目的を同じくする。そういうことだと思います。この「和して」とは、それぞれの役割を持っていという意味です。

それぞれが役割を持ってみんなで同じチーム、国家、組織の目的のために進んでいくということです。

ところがこの「和して」の和がなくて、同じことをする。

これをいま日本では「同調圧力」と言っています。どこかの高校や大学の運動部で、監督が理由もなしに俺の言うとおりにせよと言う。いや、そんなことを言ってもそれぞれの思い、やり方もあるのではないですか、などと反論しようものなら昔だったらぶん殴られた。

今は、ぶん殴ったらクビになってしまいますが、そこには同調圧力があるわけです。「同」というのはその同調圧力のことになります。誰か一人が言ったことに、みんな同じ意見になってしまう。日本人は小人ばかりなのではないかと思います。それぞれの主張がなくて、あの人が言うんだったらと一斉回答してしまいます。

見てください。給料を上げましょうと言われても、去年、一昨年までは給料なんて上げたってダメだと言っていた経営者が、周りの動向を見て、我が社も早く給料を上げよと右に倣えです。これも同調圧力の結果ではないでしょうか。

大事なのは数字で意見すること

トップになったら、自分と違った意見の部下、あるいは意見を言ってくれそうな部下、自分と発想の違う部下をどうやって持つか、何人持つかということが非常に重要になってきます。

イエスマンを置いてしまったらどうしようもない。イエスマンを防ぐために数字があります。それがＤＸかもしれません。

「数字がそのように語っております。私が言っているのではありませんよ、部長。この数字を見たらあのお客様は、不満を持っておられるはずです。うちの商品を買うのを少しずつ減らしています」と、数字を示して進言することをチームの基本動作にしなくてはいけません。

それを数字を示しもせず、あのお客様はうちに不満を持っているのではないですかなどと言っていると、バカ、俺とあそこの社長は長い付き合いなんだと言って、一蹴されてしまいます。そんな裏付けのない言い方をしてはいけません。

同調圧力を止めるためにもＤＸや、デジタライズが重要になります。そこに「数」

が六芸のうちの一つに入っている意味があります。

過去に「ジャパン アズ ナンバーワン」と言われたとき、エズラ・ヴォーゲルが日本人は自然科学が得意だ、数学が得意だと言いました。一九七八年にそういうことを言っています。

ＩＭＤスイスの国際経済計略戦略所が世界各国をランキングして、一九八〇年から一年目、二年目、三年目、四年目まで一位だった日本は、今、三四位になっています。その理由は何かといったら、エズラ・ヴォーゲルが言ったかつて日本人の美点だった数字を大切する姿勢がなくなり、数字を大事にしなくなったことにあります。

六芸の誤訳

一番象徴的なのが会社に入ってきても、まだ人間を文系・理系で区別していることです。孔子の時代でさえ「六芸」といったときには、「礼・楽・射・御・書・数」と「数」があったのに、六芸を文系理系と訳してしまったから、コンピューターでも何でもみんな理系と切り離してしまいました。

それで日本の企業はダメになってしまったのだと思います。

この「君子は和して同ぜず、小人は同じて和せず」というのは、簡単な言葉ではありません。

我々は日常でも、いかに自分と違う意見を排除しているかを省みないといけない。先ほど述べたように日本人は同調圧力があって、上の人が自分の意見を聞かない部下を、「あいつはちょっと変わっているな」と口にしたら、その一言が自分たちの部署にあいつは扱いにくいぞ。どこかへ出してしまったほうがいいという暗黙のシグナルとなるようなことは頻繁に起きます。変わった人間ほど今は必要な時代になってきているのにもかかわらずです。

だから、あいつはちょっと変わっているなと上司が誰かのことを言ったら、すかさずその上司に、「君子は和して同ぜず」と、にっこり笑って言わなければいけません。

『論語』に多出する仁と君子

私はもともと、技術屋だったものですから、『論語』を読んだときにいろんな統計を取りました。

「君子」という言葉は何回出てくるか、「仁」という言葉は何回出てくるか。

『論語』は五一二の句からできているのですが、六六句に「仁」の言葉が出てきます。大変な頻度です。「君子」もそれに近い頻度で出てきます。

ただし先ほど言ったように、「仁」について体系的・理論的に定義づけられたものはありません。

ピタゴラスの定理であれば、必ず二行程度で定義が書いてあります。『論語』にはそういうものがありません。これが西洋の学問体系と違うところです。

ただし表現や叙述などは非常に活き活きしています。

弟子の誰かが質問をしてきたら、その弟子の誰かに対して答えている。だから六六回も「仁」は出てきますが、使われ方はいつも同じではない、いろいろな表現の仕方、いろいろな説明の仕方、いろいろな解釈の仕方をしてきます。

多様な表現、説明、解釈を交えているから、二五〇〇年前の言葉でも現代に伝わらないはずがない。これが『論語』の優れたところであり、特徴でもあるのではないかと思っています。

人間学という枠の中で、人間記録の最たるものの所以がここにある。二五〇〇年経っても、消えてなくなるようなものではありません。

新渡戸稲造が力説した義

孔子は最高の徳として「仁」を挙げています。「仁」は実践してこそ初めて「仁」です。

「義」は具体的でなければなりません。一八九九年に出た新渡戸稲造《にとべいなぞう》の『武士道』では、「義」と「勇」は兄弟であると言っています。

「義」の大本には「仁」があるわけですが、「義」を行おうとすれば、勇気がなくては実践できません。

それは小さな勇気かもしれない。たとえば弱い者苛めはダメだといったときに、止める勇気がないと「義」は実践できません。

経理の不正、粉飾をしたらダメだと止める、相手が上司であろうと社長であろうと、それを止める勇気がないと「義」は実行できません。

逆に「義」のない勇気というのは、それは勇気ではないとも言っています。

そういうことを含めて、実践して間違わない人生を送る、これが「仁」だと言ってるわけです。

リーダーのやってはいけないこと

前にも触れましたが、私は『論語』を初めて読んだときに、「巧言令色、鮮なし仁」が「学而篇」の第一、一番大事なところに出てきたと思ったら、第一七章の「陽貨篇」というところで再び「子曰く、巧言令色、鮮なし仁」とあるので、おかしなことがあるものだと思いました。

私はこのとき大学三年生くらいだったのですが、これは印刷の間違いだと思いました。

ところが、どの『論語』を見ても必ず二回出てくる。

その他にも「巧言、令色、足恭《すうきょう》」、「足恭」というのは非常にバカ丁寧なことを言います。左丘明《さきゅうめい》という人がこれを恥じたと『論語』にはあります。

この「巧言令色」という言葉は五〜六回出てきて、これは孔子が非常に忌み嫌った言葉です。

なぜかといったら孔子は斉の国に行って、王様からうちの高官に採り立てるよと、二回も三回も言われ、すっかりその気になって待っていました。

ところが王様は、晏嬰という立派な宰相から「孔子なんか雇ったらダメだ、礼儀ばかり言って、衣服はこういう衣服じゃないとダメ、冠は絹でないとダメと、金ばかりかかって財政が破綻してしまいます」と猛反対されおじゃんになってしまった。

他の国でも一六年間回る中で、すぐに孔子を採用してくれそうなところはたくさんあったのですが、結局それらの王、公爵はみんな巧言令色だったのだと、痛いほどわかっていたわけです。

だからできもしないことを言う人を「巧言令色」と言いました。

これくらい身に沁みる言葉はありません。そうでなければ同じ言葉が、こんなに何回も出てくるわけがないと思います。『論語』の学者にこういうことを言う人はいませんが、私は学者ではありませんので申し上げます。

要するに組織の長、リーダーもそうですが、一回言ったことは守れ、嘘をつくなということです。

言ったことを守らないのは巧言令色、心にもないことを言う人です。

上司になったら、心にもないことを部下に言ってはいけません。私もいろいろな会社で人事考課を見ますが、会議では、お前は優秀だなとか、お酒を飲んでいるときには、お前は俺のためによくやってくれているよと言っていた上司の、部下に対する人事考課を見たとき、あの褒めていたはずの部下のことをボロクソに書いてあるわけです。

それでその上司に、飲み会のときあれだけ褒めていたのに、これは何だと言ったら、それは社長、部下をがっかりさせてはいかんですからと言う。

昔からこういう人間が多いものですから、それはダメだぞ、「巧言令色、鮮し仁」だぞと戒めたわけです。

部下を評価するとき、部下に誤解を与えてはいけません。

「己の欲せざるところ、人に施すことなかれ」

一歩家から出たら、「大賓」、非常に高貴な人に接するが如くに応対しなさい。それから民を使うときには、先祖を祀る大祭で人を使うときと同じくらい丁寧に使いなさいとあります。

「仁」の本当の肝、肝心中の肝心は、「**己の欲せざるところ、人に施すことなかれ**」です。これは非常に有名な言葉だと思うのですが、他のところでも同じ言葉が出てきます。

「己の欲せざるところ、人に施すことなかれ」、これがなかなかできないのですが、私はこの言葉も非常に好きです。

人の好まないことをやらなければ、そういうことに配慮した対応ができれば、国にあっても、企業にあっても、家庭の中にあっても恨みを買うことはありません。

これは、上位者になっても社長になっても同じです。

兵車をもってせざりしは管仲の力なり

『論語』には子路が出てきます。子路というのは、十哲のうちの三番目か四番目に評価されている人です。

子路は街のやくざでした。どうしようもない乱暴者だったのですけれど、孔子の門下に入り、非常に優秀な弟子になって、いろいろなところから迎え入れられようになりました。

しかし最後に衛の国の将軍になって、衛の国の内紛に巻き込まれて死んでしまいます。非常に正直な人で、孔子にもいろいろなことを言っています。

その子路が、斉の桓公と宰相の管仲について孔子に問うています。

桓公は自分の兄の公子糾、元々の管仲の主人を殺した。要するに兄を殺した。それで管仲と同じ糾の臣下、召忽は糾が殺されたときに自分は糾のために、殉死に近い死に方をしました。ところが管仲は死なかった。死なないで桓公の宰相になりました。

これは儒教が一番忌み嫌う忠孝から外れた行いと見えます。

だから子路は、桓公が公子糾を殺したときに召忽は殉死したのに、管仲は死ななかった。管仲は仁者ではありませんね、仁というものを全然理解していないですよねと孔子に質問をしたわけです。

ところが孔子は、そんなことはない、桓公は四〇年にわたって中国の戦乱の世を治めて八カ国、九カ国あった諸国を平和にして、自分がそのリーダー格になった。覇王になった。

これは宰相の管仲の力だ。

八カ国、九カ国を治めるのに兵車、すなわち軍隊を動かしたわけではない。武力で言うことを聞かせたわけではないのだ。

管仲の平和的な外交、管仲の斉の政治が非常に立派なので、周りがみんなそれを見習って、斉の言うことを聞くようになったのだ。

こんなにすごいことをした管仲は仁者だろう、仁の実践者だろうと孔子は答えました。

管仲も晏嬰も立派な仁者

子路の言う「仁」というのは小さな「仁」で、子路はちょっと程度の低い判断基準で管仲を見ているのではないかと孔子は諭すわけです。

第一章で取り上げましたが、子貢も子路と同じような理由で管仲は仁がないと批判しましたが、孔子は多少表現を変えながらも管仲を讃えています。

孔子は、管仲こそが最高の仁者なのだと言っています。面白いですね。

さっきは「管仲の器は小なるかな」と言っていましたが、それでも評価するところは評価する。斉の国で高官に採用されかけたときは、晏嬰に反対されてかなわず、「巧言令色、鮮なし仁」と斉の王の行いを慨嘆しました。その原因が宰相の晏嬰だったのですが、この晏嬰に対しても孔子は、晏嬰はやはり仁者だ、すごい人物だと言っています。だから、評価するところはきちんと評価している。

なかなかできることではないと思います。

実在の人物で、管仲ほど孔子から具体的に評価された人物というのは、そんなにおりません。

やはり孔子にとって最高のライバル、精神的なライバルで、終生敵わぬライバルでもあった。

今日孔子が管仲を凌駕《りょうが》したのは、よい弟子をたくさんつくり、「君子」や「仁」のあり方を世の中に広めたからで、そのことが孔子の功績だったのではないかと思います。

世界で最も仁を大切にしている日本の皇室

もう一つ、「仁」を世界中で一番理解して、実践しているのは日本の皇室であると私は考えています。

これはほとんど言われていないことですが、私は四〇歳くらいのときに気がつきました。

天皇の中でお名前に「仁」とつく方は七代おられます。

中国にもほとんどなく、韓国にも「仁」とついたのは、二八代、二九代までで一人か二人しかいなかったと思います。

一方、日本では垂仁天皇、仁徳天皇と「仁」のつく天皇が七代もいます。

また、「諱《いみな》」、「諱」というのはその人の本当の名前です。

諱でも仁のつく天皇は五〇人以上いるわけです。今上天皇は徳仁《なるひと》、現在の上皇は明仁《あきひと》、昭和天皇は裕仁《ひろひと》、大正天皇は嘉仁《よしひと》、明治天皇は睦仁《むつひと》、みんな「仁」がついている。

日本の皇室は「仁」というものをいかに大事にしているかということの表れであると思います。

「仁」は徳治の至上の要

一番の理解者、実践者は日本国の天皇家

※歴代天皇の名前に「仁」が採用されている

11代	垂仁天皇	49代	光仁天皇
16代	仁徳天皇	54代	仁明天皇
24代	仁賢天皇	120代	仁孝天皇
47代	淳仁天皇		

歴代天皇の諱にも「仁」を採用

56代	清和天皇（惟仁）	87代	四条天皇（秀仁）	110代	後光明天皇（紹仁）
60代	醍醐天皇（敦仁）	88代	後嵯峨天皇（邦仁）	111代	後西天皇（良仁）
66代	一条天皇（懐仁）	89代	後深草天皇（久仁）	112代	霊元天皇（識仁）
70代	後冷泉天皇（親仁）	90代	亀山天皇（恒仁）	113代	東山天皇（朝仁）
71代	後三条天皇（尊仁）	91代	後宇多天皇（世仁）	114代	中御門天皇（慶仁）
72代	白河天皇（貞仁）	92代	伏見天皇（煕仁）	115代	桜町天皇（昭仁）

※諱に「仁」が入った歴代の天皇はほかにも多数おられる。

第五章

戦わないことを最上とした兵法書『孫子』

『孫子』

兵法書。「始計」「作戦」「謀攻」「軍形」「兵勢」「虚実」「軍争」「九変」「行軍」「地形」「九地」「火攻」「用間」の計一三篇から成る。春秋時代に呉の闔閭《こうりょ》に仕えた孫武《そんぶ》の著。戦略戦術の法則、準拠の詳細を説明。古代中国の戦争体験の集大成で簡潔警抜な記述による名文で知られる。後世兵学への影響は大きく、『呉子』『六韜《りくとう》』『三略』などの類書を生じ、それらと総括して武経七書と呼ばれる。

近年まで謎だった『孫子』の作者

管仲の『管子』、孔子の『論語』と見てきて、最後は『孫子』です。『管子』『論語』、そして『孫子』は、私にとっての「古典三部作」です。この他にも重要な古典はたくさんありますが、やはり先述の三つが、特に企業経営をする人にとって、またビジネスマン、あるいは政治家にとって必読の書だと思っています。

前章までを簡単に振り返ると、管仲というのはすごい人で、古典で管仲が出てこない書、管仲に触れない思想家はあまりおりません。『韓非子』にしても『荀子』にしても『孟子』にしても、みな話の中に管仲を出しています。

孔子が一番気になっていた男は間違いなく管仲で、『論語』のたった五一二しかない句の中で、管仲について言及しているところが三箇所くらいあります。

ところが儒家は、めったに管仲の話をしません。

そういう中にあって、徳川家康はやはり『管子』を読んでいた。もちろん儒教は徳川体制で国教並みの扱いでしたから『論語』は読んでいます。その上で管仲は別格扱いにし、自分は読んでも人には読ませませんでした。

家康は、先述したようにおそらく管仲に倣って士農工商という考え方を前面に出しました。社会の効率性、生産性、それから意志の伝達、ガバナンスを考えてのことです。

そして、その徳川家康が『管子』『論語』以上に読んでいたのがこの『孫子』です。

『史記』に現れる孫武と孫臏

『孫子』は徹底して実践を追求する書です。ここでは『孫子』一三篇の中からリーダーの徳望を磨くために実践すべき教えを紹介・解説をしていきます。

『孫子』という書物は、実は二〇世紀の終盤になっても誰が書いたのかがよくわかりませんでした。

孫子と尊称される人物の候補は、孫武と孫臏《そんぴん》の二人がいました。『史記』には、この二人のことも書いてあります。

兵法書である『孫子』と『呉子』、これを「孫呉の兵法」と言い、司馬遷は「孫呉列伝」を書いています。その中で孫武と孫臏という二人の武将がいるのですが、どちらかというと孫臏について書いている字句のほうが多い。

長らく謎だった『孫子』の作者がわかるようになったのは一九七二年、昔の斉、今の中国山東省のちょっと北のほうに臨淄《りんし》というところがありますが、そこで漢の時代の貴族の墓が発掘され、発見された資料から孫子と孫臏の兵法を記した竹簡が出土し、さらにいろいろ調べてみると『孫子』というのは孫武が書いたということがわかったわけです。

孫武は春秋末期、紀元前六世紀から五世紀の軍事思想家であり武将です。

世界中では様々な戦争をしていますので、兵法書も様々な国にもありますが、ヨーロッパやインドも含めて、兵法書で『孫子』以上の兵法書はありません。

世界中で読まれている『孫子』

フランス皇帝ナポレオンが『孫子』を読んでいたというのは有名な話ですが、私にはそうは思えません。

持ってはいたかもしれませんが、そもそも読む暇がなかっただろうと思います。

その証拠に、ナポレオンはロシア遠征をしています。モスクワへ遠征しましたが、結果は惨敗でした。

ナポレオンは『孫子』に書いてある原理原則を一つも守っていません。トルストイの『戦争と平和』には、ナポレオンがモスクワに攻めてきて、逃げて帰るところまでが書かれてあります。この本を読んでみても、ナポレオンは全然『孫子』を読んでいないと感じています。「彼を知る」を疎かにしていました。

また、ドイツ皇帝ヴィルヘルム二世は第一次世界大戦に入る前に負けてしまったわけですが、ドイツのもとをつくった人です。

ヴィルヘルム皇帝の宰相が鉄血宰相ビスマルクで、賢者は歴史に学び、愚者は自分の体験だけを学んで、威張った末に敗れていくと、岩倉使節団の一員である伊藤博文などに言ったわけです。

ヴィルヘルム皇帝は、負けた後に『孫子』という本があることを知った。それで読んでみたところ、「二〇年前にこれを読んでいたら、こんな敗北をすることはなかったのに」と臍《ほぞ》を噛んだという逸話があります。

こちらは本当の話だと思います。

今も続く曹操の功績

それから『三国志』の曹操《そうそう》です。曹操はこの時代の詩の名人で、抜群の詩才を持っていました。さらに政治家としてもすごい能力を持っている。

その曹操が『孫子』を研究して注釈をつけた『魏武注孫子』を書き上げました。「魏武」というのは、曹操は魏の皇帝にはなっていない。その曹操の息子の曹丕《そうひ》という人が魏の皇帝になったのですが、その一代前の曹操は魏の武王ということで魏武と呼ばれました。その魏武が注釈した『孫子』なので『魏武注孫子』といいます。

そして、この書物は膨大なもので、しかも相当に精密なものとなっています。

この『魏武注孫子』があったからこそ、後の世の人々は『孫子』の一三篇がよく理解できるようになりました。

『孫子』が、今日までこれだけ読み継がれてきたのは、曹操のおかげでその功績は非常に大きかったと言えます。

ところがこのこともあまり他では言われていません。

渡邉義浩さんという人が昨年（二〇二二年）『孫子――「兵法の真髄」を読む』（中公新書）を出されました。

この本は、始めから終わりまで『魏武注孫子』に基づいて説明をしておられます。

繰り返しになりますが『魏武注孫子』というものがなかったら、これだけ広く『孫子』は理解されていなかったのではないでしょうか。

『三国志』では曹操は悪者になっていますが、そんなことはありません。

曹操はこの時代、一流の文学者であり、軍略家であり、政治家でありました。明治時代、時の政府は北海道の開拓と防衛を担う屯田兵というものをつくりましたが、屯田兵の実行も曹操です。

戦争になったら農民は逃げてしまいます。農作業をする人がいなくなってしまうと田畑が荒れて収穫量が著しく落ちるので、この問題を解消するために曹操は屯田兵というものをつくったのです。

最も恐ろしいのは、毛沢東が『孫子』を非常によく読んでいたことです。軍人は『孫子』を必ず読まなければいけませんが、いまも世界で徹底的に読んでいるのは現在の中国共産党軍です。

『孫子』を日本に持ち込んだ吉備真備

気球でも何でもスパイ活動というのは「用間」と言います。

間というので間者ですね。昔の日本でも、スパイのことを『孫子』由来の「間者」

と言っていました。

『孫子』には「用間」、「間を用いる」という一篇が巻末にあります。

今の中国共産党の前に一番そうしたことの重要性を認識していたのは、日露戦争をやる前の日本です。明石元二郎大佐や広瀬武夫中佐などが情報戦で活躍しました。そして中野学校という「用間学校」をつくります。

ところが今はそういうものは日本にありません。スパイ法もありませんから、他国にやられっぱなしです。このスパイ、間諜《かんちょう》というものが、いかに重要かということが『孫子』の「用間篇」に書いてあるのです。

これは戦争に限ったことではありません。

吉備真備《きびのまきび》は八〇歳くらいまで生きた遣唐使でした。当時、遣唐使が生きて帰ってこられる確率は二五％しかないと言われる中で、吉備真備は二回も唐へ渡っています。そして『孫子』を持ち帰り、その教えを実践して「恵美押勝《えみのおしかつ》の反乱」を防ぎました。

吉備真備は岡山県の吉備郡の人で、元々の姓は下道《しもつみち》という豪族ですが、都に出てきたときは下っ端もよいところで官位も何もありません。

四位以上でないと殿上に上がれない時代に、最初八位になって最後には右大臣にまでなっています。

『孫子』に強く影響を受けた歴史上の人物では、武田信玄の風林火山が『孫子』からとっていることで有名です。

この信玄もすごい人です。負けたことのない人です。

それから徳川家康。この人たちは本当によく『孫子』を読み込んでいます。

孫武の兵法と孫臏の兵法

先ほども述べたとおり、司馬遷が『史記』で孫武と孫臏について書いていて、そこで「孫子の兵法」は孫武が書いたということを言っていますが、それが本当かどうかはわかりませんでした。

孫武は、かつて管仲が宰相を四〇年以上務めた斉の出身といわれています。

しかし、呉の出身だったのではないかという説もありました。呉の闔閭という王様のところで将軍に取り立てられたと『史記』には書いてあります。

しかし『史記』には、孫武については その出生や、どういう人物かということについてはまったく書いてありません。書かれているのは逸話だけです。

ちなみに偶然ではありますが、孫武と孔子は同じ時代に生きています。

孫臏というのは孫武の子孫で、一〇〇年から一五〇年くらい後の子孫だと言われています。この孫臏が斉の将軍でした。

そういうこともあって、『孫子』の作者がどちらかは長らくわかりませんでした。しかし先述した臨淄にある漢時代の貴族の墓から出てきた竹簡から、世に伝わっている一三篇の『孫子』は孫武の書いたもので、その他にもまた「孫臏の兵法」というものもあったことがわかったわけです。

なぜわかったかというと、その墓から出てきた竹簡は、その後の時代に墨で書かれたものとは違って、墨と漆を混ぜた漆塗りの字で書かれていたからです。

漆の書は腐らない、そういう書き方をした漆塗りの竹簡でした。その漆塗りの竹簡であるという動かぬ証拠が出てきたために、これは間違いなく本物だということがわかりました。『孫子』は孫武の作で、孫臏はまた別の兵法書を書いていたのです。

孫武の逸話

『史記』には孫武と孫臏の逸話を載せています。

なぜ逸話を載せているかというと、そのときの軍師とはどういうものか、孫武や孫臏とはどういう人だったのか、そういうことが逸話からわかるからです。

孫武の「武」という字は、戈《ほこ》を止めると書きます。

戈を止めるとは、戦いを止めるということですから、孫武の武という名前には、彼の兵法の基幹である戦わないことを最上とする、戦わずに勝つという思想が表れているという見方があります。

しかしこれは本当かどうかわかりません。

それでも孫武が自分から戦争をしなかった、好んで戦争をやろうとしなかったことは事実です。戦争を止めることが一番だと言っていたのは間違いありません。

『孫子』のすごいところは軍略書、兵法書でありながら、いかに戦争をしないでおくことが大事かと言っているところで、実に不思議な兵法書なのです。管仲を想起させます。

『史記』には孫武の有名な逸話が載っています。

就職活動のために孫武が呉の闔閭のところに行ったときのことです。呉の国に行って活動していたとき、闔閭という呉の王様が、孫武が来ているならと宮殿へ呼び、私はあなたの書いた兵法書十三篇全部を読んだ。

ついては一つ願いがある。

書を読んで感心しました。あなたに自分の部下を調練をしてもらえないか。調練、要するに軍事訓練です。軍事訓練をしてもらえないか、できればすぐやってもらいたいと呉王は言います。

そのとき孫武は畏《かしこ》まりましたと返答しました。

次いで孫武は呉王にどういう調練でしょうかと尋ねます。すると王は自分の後宮の美女を使って調練してみてくれ、それを自分は見たいと言います。

そんなことを言われて、普通の将軍であれば女子供を調練せよとは何事か、と憤慨して帰ってしまうでしょうが、孫武はイエスと答えました。

命令が伝わらないのは将の罪、命令を守らないのは隊長の罪

その後、呉の王様は自分の後宮の美女一八〇人を召し出して、これを調練してくれと言いました。

孫武は一八〇人を九〇人ずつ二隊に分け、それぞれに隊長を決めました。

隊長には王様の一番目と二番目のお気に入りを任命しました。それで全員に戟を持たせて並ばせました。

孫子は指揮台に立ち、みなさん右手はわかるね、左手もわかるね、自分の胸はわかりますね。前は胸。後ろは背中、みなさんわかりますね。

後宮の美女たちは、はい、わかりますと答えます。

では、私が右と言えば右を向き、左と言えば左を向く、そういう話をしてわかりましたかと問うとわかったと答えます。

それでは太鼓の合図でやりますよと言って、ドーンと叩いた後で、「右」と孫武が言ったら、その一八〇人の美女たちがみんな「アハハ、オホホ」とゲラゲラ笑い始めて始末に負えません。

孫武は、これは自分の言い方が悪かったともう一度説明をし直します。

右はこっちですよ、左はこっちですよ。前はこっちです、わかったねと、何回も言って、ではもう一回やりますと言って、また前、右と言ったら、やっぱりまたゲラゲラと笑い出してしまいました。

指揮台の傍らには本物の鉞《まさかり》が置かれています。

一回目は通達が悪かった。しかし二回目は、あれだけ言ってわからないはずはない。わかっていて守らないのは、それぞれの部隊の隊長の責任であると、王様のお気に入りの愛妾二人に「前へ出てこい」と言って、首を切ろうとしました。

呉王闔閭はその様子を遠くの高台から見ていて、びっくりしてやめるよう伝令を走らせました。

ところが孫武がやめそうにないものだから、王様直々に来てこの二人は自分が本当に可愛がっているのだ。この二人がいなかったら、飯を食べても味もわからないし喉も通らない、やめてくれと告げます。

しかし孫武は何をおっしゃるんですか、『孫子』一三篇にも書いてあります。将軍に任せたら、将軍は王の命令といえどもこれを拒否することができる。私は全権を委ねられているのですから、刑の執行をやめることはできませんと言って、王様の見ている前でその二人の首を切ってしまいました。

そうして、次にまた二人を選んで連隊長にしてやり直します。

今度は右と言ったら、みんな声も上げずに一斉に右を向き、左と言ったら左を向き、後ろと言ったら後を向き、一糸乱れることなく動きました。

それを見て孫武は、調練は終わりました、これでもうこの一七八人は王が命じたら全員火の中、水の中でも飛び込んでいきます。これが調練ですと言いました。

将は戦場にあれば君命といえども聞かず

王様が、いや、もうよくわかった、あなたは宿舎に帰って休んでくれと言ったとき、孫武は王様に、王様が私の一三篇の『孫子』を読んでもらったのはありがたいのですが、知識としての興味にとどまり、実戦に対する心構えはできておられませんでしたねと言って宿舎に戻っていきました。

呉王は、次の日にすぐ孫武を将軍に任命します。これが『史記』に書いてある孫武の逸話です。

管仲は「**賞罰は徳の極みなり**」と言いましたが、孫武もまた『管子』を読んでいました。強い軍隊は軍律が厳しくなければいけない。

また、将軍に一度権限を与えたら王様といえども途中で、ああせい、こうせいとは言ってはいけない。ウクライナ戦争でもロシアが負けかかったとき、プーチンがああせい、こうせいと言っていたとしたらこれはもうダメです。勝てない。

目的を一つにする、調練は厳しくする、賞罰は明らかにする。組織の鉄則です。

それから戦の大権は将軍に与える。将軍に任せる。そこに雑音を入れない。王様はもちろん、まして大臣が口を挟む、自分の意見を言うなど、そんなバカなことは許されない。これは軍事の基礎中の基礎です。

だから司馬遷も『孫子』を紹介しようと思ったとき、この孫武のエピソードを載せた。本当に賢い人だと思います。

私が最初に申し上げた、一つの言葉の意味を解説することより、大事なのはその言葉の裏にある本当の精神は何かということを、みなさんにはわかってもらいたいというのはこういうことなのです。

企業の部長として、課長としていったん事を任されたら、これくらい厳しい覚悟を持って行動しないとダメだと、そういうことを申し上げたかったわけです。

『孫子』の一三篇は重点チェックリスト

『孫子』は一三篇から成っています。

「始計篇」「作戦篇」「謀攻篇」「軍形篇」「兵勢編」「虚実篇」「軍争篇」「九変篇」「行軍篇」「地形篇」「九地篇」「火攻篇」「用間篇」、この一三篇から成っていて、各篇ごとに内容も順序立てて構成されています。

これも珍しいことです。『論語』は、「子曰く」とあるだけで順番は何も整理していません。

一方、『孫子』は軍略家らしく項目ごとに、内容と並べ方も全部考えて書いています。孫武は『孫子』を著すに当たって、優先度順に構成して書いたのではないかと考えられます。

冒頭の「始計」には、戦争というものがいかに大変なものであるか、簡単にはやれないことで、できることなら避けたほうがよいとあります。

一貫してそのように言っています。つまりプライオリティの一番は不戦ということです。それが戦わないことを最上とした兵法書といわれる所以です。

一二番目の「火攻」では、火攻めには五種類あるとか、一〇番目の「地形」では戦いの場所が狭いところなのか、広いところなのか、足場のいいところか、川があるところではどうするかとか、そういうことを具体的に述べています。

『孫子』を読んだ人は項目を一から一三までチェックして、自分の組織は十分な準備ができているか、各項目に配慮しているかどうか、漏れがないかどうかを点検できるつくりになっているということです。

これはビジネスパーソンにとっても非常に重要なノウハウと言えます。

「兵は拙速を聞くも、功久しきを睹ず」

私はいろいろな会社の経営に参加して、社外取締役や責任者、ときには会長とか経営委員長などをやりましたが、そのときに重要視していたのは、四月、あるいは節目節目で会社の定期的な人事異動があったとき、人事異動の申し送りにどれくらい時間をかけているかということでした。

一般の企業だったらどれくらい時間をかけるでしょうか。

何々部長に代わって新しい部長が来る。申し送りをします。それにはだいたいどれくらい時間がかかるでしょうか。

あなたが社長だったり上司だったら、申し送りに何日間与えますか。

私の答えは一時間です。申し送りは一時間で済ませる。申し送りのようなリードタイムが、いま日本の生産性をものすごく悪くしています。大臣は申し送りをするときは三〇分です。申し送りのようなリードタイムは短いほどいい。

戦争のときに将軍が、あなたを南方方面の隊長に任命するから、司令本部から南方司令部に行きなさいと命じたとき、一カ月や一〇日間、三日間もかけますか。そんな悠長なことで戦争に勝てますか。『孫子』には「兵は拙速を聞くも、功久しきを睹《み》ず」とあります（後半の「功」を「巧」、「睹」を「睹」とする訳もある）。

ビジネスの世界も本来は戦場です。

なぜ短時間で申し送りができないのかといったら、一番目から一三番目まで何をやるのかというチェックリストがないからです。『孫子』一三篇のようなチェックリストがないからです。

このことは何度も述べてきたことです。

要するに日本にはJob Descriptionがないということに他なりません。職務記述書というものが日本にはないことが多いのです。

なぜ職務記述書がないとダメなのか。たとえば私の部が営業だとしたら、重点項目はお客様の獲得数、売上、儲け、新しい商品の開発と宣伝です。

それを一〇人部下がいたら一〇人で競争して、今月は誰がいくらやったかと、その表と過去一年間、二年間の表をつくり、どういう商品を売ったか、それを全部表にしておいて、引き継ぐ人にはあなたの仕事はこれだけです、とその表だけを渡せばいい。

その表を見たら何をやればいいかすぐにわかる。申し送る必要もない。

申し送りに一カ月もかけていたら、たちまち会社は潰れます。

日本の生産性が低いままの理由

しかし、職務記述書がないことにはこういうことができません。

これが本当に日本のダメなところです。私もある会社の会長になってすぐ、君には異動の辞令が出ているのに、なぜここにいるんだ？　と尋ねても、申し送りが必要なんですよ、会長は早く行けと言っておられますが、ちゃんとした申し送りに一カ月はいただかないとダメなんですと言うので、私はそれは君がダメなんだと言ったわけです。

誰にでもわかるようなチェック項目をつくっていないから、こういうことが起こります。これを二三〇〇年前に書かれた『孫子』は既に具現化していた。数値化して、誰がどういうことをやっていたかを明らかにしていました。

Job Descriptionというのは日本には今はまだありませんが、欧米人、特にアメリカ人がやってものすごく生産性が上がりました。

日本の企業の生産性が上がっていないのは、ここに原因があります。

これは私も経験のあることですが、外国の会社を買収して監督するために、自社の管理職を派遣させてみると、一番管理能力がないことがわかるのは部下の人事考課をするときです。

向こうの人事考課は一〇人部下がいたら、一番目は誰で一〇番目は誰かということをみんなに公開して知らせないといけません。日本人はそれができない。

なぜできないのかと言うと、個人のJob Descriptionを決めていないからです。

相手がAさんだったとしたら、あなたのJob Span、業務の範囲はここまで、たとえば経理であればうちの部の経理を見なさいと定めます。

もし部の経理であれば簿記一級を取っておいてください。そう指示しなければダメです。そうやってJob Qualityが決まります。

あなたの能力はすごいですから執行役員として、関連会社の、あるいはグループ全体の経理を見てください、そういったこともあります。

人事の評価は公開が原則

また、Job Performanceというものがあります。このPerformanceとは決められた

Span と Quality を適切にこなして、なおかつミスなしに遂行できる。たとえば国税が調査に入ってきて、何も脱税事案が出てこなかったら、これは合格です。あなたの功績です、となります。

また簿記一級、あるいは経理何級というのを自分の部下何人に取得させたか。これもあなたの Performance です。

その Job Span、Job Quality、Job Performance を五段階で、どこまでやったならあなたはこういう給料になります、と決めておきます。極端なことを言えばそれを全部表にして張り出してもいい。

アメリカでは全部そうします。

あの人は今度、何々の資格を取ったと言って賞賛すると、上司も評価され、何よりも本人の成果として賞賛されます。

そして点数をつけ、あなたはこういうことだから人事考課はAにします。

あなたも努力したのだけれど、まだここが足りなかった。だからDです。しかし、あなたのひたむきさはわかっている、私も応援しますので来年頑張りましょうと付け加える。そういうことを全部に公表して一番から一〇番まで順位をつけるため、文句のつけようがありません。

ところが日本には明快な職務記述書がないから、人事の評価でも、あいつはいいやつだと自分は思っているが、周りもみんなそう思ってくれるか自信がないから、順位は公表できない、人事は秘匿性がありますから、なんてバカなことを言って誤魔化します。

軍隊の勲章に秘匿性はありません。彼らはそこで勇敢に戦って、人命救助をしたとか、無事に三年間務めたからとかいった理由で勲章を授かっています。

彼を知り己を知るための重点資料

なぜ『孫子』が大事かといえば、まず自分が管轄する仕事に漏れがないかチェックできるからです。

とりわけ最後の「用間篇」では、相手の弱みや強みなどの情報をきちんと集めているか。**「彼を知り己れを知れば、百戦して殆《あや》うからず」**で、その一番重要なところをこの「用間篇」でチェックしておれば、ほぼ完璧にうまくやれます。

この中で相手と自分を比較してどうも相手のほうが上のようだったら、戦争なんかしてはいけないという判断になります。

そういうことを全然やらずに、根性だぞ、根性が大事だぞ、と言っていたのでは勝機はありません。

今、高校野球を見ていても、一貫した根性主義を唱えていた名門校は、みんなダメになっていってしまった。強豪校はデータ解析を行っています。

私の知人の小林浩美さんは、日本女子プロゴルフ協会の会長をやっていますが、今、女子プロがものすごく強くなっています。

それは指導もトレーニングも合理的で、女子ゴルフでも世界の男性トッププロの一流フォームをきちんとＡＩ解析し、それを自分たちのスイングに取り入れていると言います。日本の女子プロは世界レベルです。

これは非常に重要なことだと思います。

チェックする項目を決め、それを定量的に評価し、自分と相手との関係はどうなっているのかを見極める。そういうやり方をしないと、さらに強くなることはできません。

驚いたことに『孫子』は、二三〇〇年前からこういうことをやっていたのです。

『孫子』が説く定量化と数値化

これも前に述べたことですが、アメリカのプロ野球では二〇年も前からカメラを利用した測定器を使い、投球のスピードは何キロか、回転数はいくつか、回転軸は何度か、ホームランを打った角度は何度か、すべてデータを取っています。

アメリカのベースボールの解説者は、みんな機器を使い測定基準をもって定量的に数字で解析しているのに、かつて日本で名選手・名監督だった人の解説は、いや、あの球は生きている、あの球は重いという具合で、何を言っているのかさっぱりわかりません。

そもそも元四番バッターや通算二〇〇勝を達成した投手が監督になるケースが多いですが、それは必ずしも監督に求められるものとは違うのではないかと思います。こうした点において、数値化することに日本はものすごく後れをとってしまいました。

「孫子の兵法」の中で述べている注目すべきは、項目は何が重要か、その項目を決め、それを定量化することを考え、相手と自分とを比較しなさいと言っている点です。

会社に行ってパソコンの中から自分の課の、自分の部内の、重要な表数計算が五つか六つ出てこないようではダメだと思います。

私の体験としても、経営者と話をしていて経営の話、業務の話で具体的に一〇分話をしていても新しい数字、興味を引くような数字が出てこない人は、やはりダメです。

『孫子』が二三〇〇年前から、定量化と数値化をしないとダメだと言っているのに、未だにそういうことをやっていないのはどういうことなのでしょうか。『孫子』を勉強した人は、すぐにやらなければいけません。

『孫子』の三要点は必勝の方程式

『孫子』の要点は三つです。

前述したように『孫子』は戦争、政治、経営に広く応用できますが、その基本は、「道」だと述べています。「道」と国に、あるいはその軍隊に、その部隊に大義名分があるかということになります。

大義名分＝道、これが一番目です。

我々は戦う以上は正義のために戦うのだ、国のために戦うのだという大義名分。

我々の戦いは正しいのだという認識をみんなが共有できなければ決して強い軍隊にはなりません。

まず、みんなが納得できる道理が要ると説いているわけです。

ラグビーでは一体感を出すためにAll for one, One for allとかOne Teamとかと言っています。要するに一心同体だぞということです。

一心同体になるためには、ラグビー日本代表が世界でベスト4に入り、それによって日本の少年少女を健全に育成することに我々が貢献するのだ、という使命感を選手、スタッフ、国民が共有できるかにかかっています。

ラグビー日本代表チームはそういう使命を持っている、そういう大義名分をチーム全員で持つことができるかが勝敗に大きく影響するということです。

こういうことが戦争をやるために非常に重要になります。

今プーチンは、そういう大義名分を国民にどうやって持ってもらおうかと、ものすごく苦労をしているはずです。

しかし、あろうことか反対する者を次々逮捕し監獄に入れて、言論を封殺することに血道を上げています。これではどうしようもないと思います。

国が一体となって外国に立ち向かうために独裁体制を敷いているはずなのに、外国と戦う前に国内で戦わないといけないようでは、なかなか勝てません。

エネルギーが既に内と外へ分散してしまっているわけですから。

何をもって心を一つにするか

「上下一致団結」、今の時代はそういう考え方は通用しないと思っています。

昔は企業で何をやったかというと職場の大運動会、社員の家族との大運動会、社員の家族も加えた慰安旅行などを催していました。

しかしそれは今日では通用しません。

にもかかわらず、今の経営者はそれに替わるものを何もつくり得ていません。

これが日本の弱いところです。そんなお金があったら給料を上げたほうがいい。何も社員の気持ちを惹きつけるものがないのであれば、報酬を増やすほうがいい。

私は鉄鋼会社にいたのですが、ある自動車会社からよい自動車用鋼板を納めてくれたといって、大きなパーティーに招待していただいたことがあります。

それで何か挨拶をせよと言われたとき、私の挨拶が顰蹙《ひんしゅく》を買ってしまいました。

どういう挨拶をしたかというと、いやこの度はありがとうございます、認めてもらうのだったら、これだけ立派な宴会に使っていただいたお金で、うちの鉄鋼製品を一トンにつき一円でも値上げして買ってもらいたい、そう言ったものですから、えらいことになってしまいました。

ただそこに、その自動車会社の外国人の執行役員がいて、いや數土さん、あなたの言うとおりだと助け舟を出してくれたので、どうにか私のクビがつながりました。

その時代とともにみなが一致団結して取り組めるものは何か。これは大きな経営課題です。

たとえばリスキリングということが盛んに言われる今、こういう資格を取ってもらいたい、取れたら給料を上げますよといったこともしていく必要があると思います。外国では、すでにそれが行われています。

戦争をするためには、将軍から兵士まで一致団結して士気を上げる。これが一番大事だと『孫子』も説いています。

企業活動においても、教育においても、あるいは戦争においても同じことが言えます。

自分と相手とその周りを知る

二番目は有名な「彼を知り己れを知れば、百戦して殆うからず」です。

この「彼」は、あえて「敵」という字を使っていないところがミソなのです。「敵を知れば」という言葉を使っていたら、敵でもない人から俺は敵なのかと疑われてしまいます。

しかのみならず「彼」というのは、国でも企業でも個人でも、「周りの人」という意味になります。

たとえばどこかで誰かと敵対しても、その敵対者が周りにいる人と仲がよいのか、仲が悪いのかによって戦い方が違ってきます。

たくさんの国があった古代中国で、国と国が喧嘩をしたときにその周りの国がどちらに理解を示すのか、心情的に同情するのはどちらなのか、自分のほうに理解を示してくれる国は本当にいるのか。

これらは常日頃から調べておかないといけません。企業でも、個人でも同じだと思います。敵と我と彼の関係性は、今でも世界の戦争で大きな影響をもたらします。

ここで非常に重要なのは、国も、企業も、個人も「彼を知り」ということはわりとできるということです。

飲みに行ったりなどすると、批評も含めたいろいろな情報が入ってくる。特にJob Descriptionがある外国ではよくわかります。

ところが、己を知るということはとてつもなく難しいものです。たいていの場合、誰も本当のことを自分には言ってくれない。その上自分に対する評価はどうしても甘くなります。

上司がお世辞のつもりで、お前はよくやってるなと言ったら、それが本当だと思ってしまいがちです。

上司はダメな人間ほどダメと言ったら元気をなくすから、お前よく頑張ってるな、もっと応援するから頑張れよ、と言うのです。

にもかかわらず、言われた当人は家に帰って寝る前にニヤッと笑みを浮かべて、やっと上司が俺のことを理解してくれたと悦に入ってしまいます。

理解してくれているわけがないのは、客観的に顧みれば自明のことですが、人はなかなかそういうふうには受け取りません。

洞察力で読む『孫子』

では、どのようにして自分の状況を正しく知るかといえば、やはりターゲットとする項目を決めて、もし研究者であれば、あの人は一年に三本論文を書いているのに、自分は一本しか書いていない。

あの人は特許を三つも取っているのに自分はまだ取れていないとか、定量的に、かつ周りの人が納得できるような数値を上げること。

数字で勝負しないといけません。

この「彼を知り己れを知れば、百戦して殆うからず」が、それをさらに具体化し「五事の算」へとつながります。

「五事の算」は『孫子』の肝中の肝になってくるわけですが、これは後ほどお話しします。

「孫子の兵法」がなぜ今日までこれほど多くの人に信頼され、読まれ続けてきたかという理由は、『孫子』が人間を知る書だからという点にもあります。人間学の書でもあるからです。

『孫子』に見られる特徴は、定量的に行うこと。そして鳥瞰《ちょうかん》的に見て、自分と他者とを公平に比較すること。しかのみならず人間の思考や行動を非常に重要視し研究しているということです。

人間を知らないことには、戦争どころではありません。まず人間を知ることが最優先なのです。

これは古代から現代まで変わらない鉄則です。

人間を知ることによって、自分は何をすればよいかという洞察力が生まれます。人間を知ることによって、王様や将軍、兵隊の心理状態を掴《つか》む。まずこれを掴まないと話になりません。そういうものを掴むことができれば彼らがどう動くか、そこで自分は何をやるべきかという洞察ができます。

だから私は最初に「徳望と磨く」というのは、ただよいことをして、自分が人格者のようにしていたらよいわけではない、と言ったわけです。

人間学というのは精神的なものではなく、『孫子』の言うところでは、定量的に分析して、彼らがどういう行動をとるかを掴むこと、それが人間学の真髄となります。

人事は定量で

部下について何か情報を挙げよと言われたとき、あいつはいい男ですとだけ答える上司には、私はときどき腹の立つことがあります。

あの人間はどうかと尋ねたら、人事は、いや、あの人間は評判悪いんですよ、と言うので、どう評判が悪いのかと再度訊くと何も答えがない。

あいつはいい男です、ではどういうよいことをしたのかと訊くと、やはり答えがない。しかも、それは誰が言っているのかといったら誰も言っていない。

人事の担当者が勝手にそう思い込み、私に言っているだけのことでした。

こういうことはよくあります。確たる証拠もなく、憶測でいい加減なことを言う。ゴシップ系の週刊誌と似たようなものです。

Job Descriptionがしっかりしていれば、人事というのはほとんど必要がありません。しかし、日本の企業では人事の存在がものすごく大きくなって、重要な権限を持っています。

これも日本の企業の生産性を悪化させている要因かもしれません。

日本の企業が競争力を失っているのは、合理的で定量的な管理方式、評価方式ができていないためです。さらにもう一つは、洞察する仕組みができていないために、人事の権限が逆に肥大化することにあります。

新しいことをするなら歴史を学べ

人事と同様に肥大化しがちなのは企画部です。

サラリーマンは不思議なことに、企画担当という名刺を欲しがります。私も企画部長や企画担当を何回かやりましたが、やってきたのはアイデアが希薄な人ばかりでした。

これでは企画部ならぬ希薄部です。

なぜそうなるかといえば、そういう人はあまり古典や歴史の本を読んでいない。勉強をしていません。しっかりした戦略本を読んでいないのです。

「彼を知り己れを知れば」とは何を知るのか、どういう方法で知るのかということです。

そういうことを考えずに、ただ企画部に来ているだけですからアイデアひとつ出てこないわけです。

試みに君はこの一カ月に何冊、どんな本を読んだか、ちょっと教えてくれと言ってみたところ、いろいろですと言いますから、具体的に挙げよと言うと、週刊誌ばかり読んでいました。何をかいわんやです。

五事が組織づくりの要諦

『孫子』の「始計篇」には「**兵は国家の大事、死生の地、存亡の道、察せざるべからず**」「**これを経《はか》るに五事を以てし、これを校《くら》ぶるに計を以てして、その情を索《もと》む**」とあります。

ここでいう「五事」とは次の五つのことです。

一　道…民衆、臣下と君主の間の「人心」の安定一致。大義名分の有無
二　天…時期、タイミング
三　地…地形の状況。地政学的状況

四　将…将軍の資質、力量
五　法…行政、財政、軍の規律、統率

戦争に勝つためには、この五つをしっかり確認しておかなかればいけません。『孫子』のよいところは、大義名分を持つことが大事としている点です。

そうでなければ国は立たない。個人も立たない。

自分は偉くなりたい、それはなぜかといったら、世の中のために自分の能力によって最も貢献ができる立場に立つためだ。そして自分の力を試してみたい。

堂々とそう言えるかどうかは、大義名分のあるなしによって決まります。

ビジネスパーソンになって、ビジネスの世界に身を置いて偉くなりたいと思わない人はダメです。

大義のある人は堂々としている

偉くなるのは威張るためではありません。

周りの人に、グループに、会社に、社会に、国に尽くすために偉くなるのです。

ですから、尽くす度合いによって給料が上がるのは当たり前。上がった度合いに応じて税金も多くなるのは当たり前です。健全なる上昇志向です。

自分は人よりも多く国家に、会社に、グループに尽くせるようになりたい。堂々とそう言えるようになってもらいたいと思います。

たとえば新しい部長が来て、君の望みは何かと部下の課長に尋ねたとします。

私がその課長であれば、「あなたの部下でいる間にあなたに優るような社員になりたいと思っています」と堂々と言います。

しかし今の日本人は言えない。そして帰ってからあの部長より俺のほうが能力が上なのになんて、グチグチこぼしている。そう思うのであれば、面前で堂々と言ってしまえということです。

「孫子の兵法」にはこのようにして戦争に臨むのだと、正面から記してあり、そこには何の秘密もありません。

昔、剣道のある流派の免許皆伝が欲しくて一所懸命稽古に打ち込み、ついに免状を受け取ったときのことです。そこに何が書かれてあったのか。

さぞかし深遠な思想が書かれてあるのかと思っていたら、「誠心誠意やれ」と。それしか書かれていなかった。それではダメなのです。その先に何をやるべきか、具体的で明快に書かれていなければ何の使い物にもなりません。

勝利の鍵は五事にあり

「始計篇」の第一の要点は、戦争に勝つための五つの要諦「五事」を示していることです。

戦争は勝つか負けるか、まさに「兵は国家の大事、死生の地、存亡の道」とあるように、一度でも負けたら亡国、国がなくなります。

だから一番目に「道」、道とは民衆、臣下と君主の間の「人心」の安定一致ができているか、つまり大義名分があるか、一致団結の度合いは高いか低いかということが問われます。

二番目に「天」時期、タイミング。いま戦地に立ってもよいくらい王様はしっかりしているのか。内閣はしっかりしているのか、外交はしっかりしているのかということです。

国に大きな災害があって、今はその復興を早急にやらなければならないので、とても戦争するだけの余力はない。

そういうタイミングもあります。

いろいろなタイミングがあるため、まず調べることなしに戦争などできません。

タイミングには敵にとってのタイミングもあり、敵にとって不利なタイミングはこちらにとって有利なこともある。その逆もあります。だからしっかり調べなければいけない。

それが「天」です。

三番目に「地」。地形の状況、たとえばビジネスでも新しいところで展開するのだったら、そこの住民はお金を持っているのか。

そもそも経済的に買える余力のある地域なのか。人口が集まってくる場所なのか、住宅地があるのか。

やはり地形、地政学的な見地がビジネスには必要です。ここもしっかり調べておく必要があります。

リーダーにその器があるか

四番目に「将」です。たとえば、こういうビジネスをやろうと言っている部長は、果たしてそれだけのセンスがあるのか。

俺たちに早くやれ早くやれと言っているだけで、自分はいつも飲みに行っているらしい。ろくに勉強もしていない。

また、あの部長は、社長に具申してきちんと予算を取ってこれるのか、ちょっと失敗したらすぐに自分もガタガタして自信を喪失し、やはりこのアイデアはやめます、プロジェクト解散します、などと言ってしまうのではないか。俺たちは梯子《はしご》を外されてしまうのではないか……。

そんなリーダー、将軍では、戦争することさえ覚束《おぼつか》ないわけですから、これもきちんと見極めなければいけません。

あの人にはどういう能力が、どの程度あるのか、どんなことに強くてどんなことに弱いのか、そういうことを調べておくこと。これは非常に重要なことです。

学ぶことを支援する態勢を整えよ

最後に「法」。法とは今で言えば自分がリスキリングするために、どこか夜間の学校で勉強しようとする。そのときに、突然残業を命じられるようなことがない。それから自分をリシャッフルするために年休（年次有給休暇）をしっかり取る。これらがきちんとルール化されているかということです。

資格を取ろうとするとき、勉強する時間をきちんと取らせてくれるのか、年休を取っても文句を言われないか。

資格を取る過程で問題のないように制度を整えたほうが、結果として生産性は上がります。年休も同様です。

そういうことを認めて、きちんと推進してくれるような就業規則やルール、財政基盤などが完備されているか。これが「法」です。

誰かが年休を取ろうと思ったとき、仮に四日間取ったら他の人が代行してくれるようなマルチタスクの体制を敷いておかないといけない。

そういう職場になっているか、今はなっていないがそうしようとしている会社であることが勝つための条件です。

この「五事」は、戦争をするにも、ビジネスをやるにもまったく同じように機能するわけです。

具体的で漏れなくチェックしやすい内容になっています。

二五〇〇年経っても軍事にも利用できる、外交にも利用できる、ビジネスにも利用できる。だから「孫子の兵法」はこれだけ広く読まれているのです。

にもかかわらず、免許皆伝するまではと言ってさんざん奉公させられ、やっと免許皆伝してみたら中には何も具体的なことは書かれていない。ただ「一心に研鑽《けんさん》すべし」とだけあったとしたら何をやっているのかさっぱりわかりません。

『孫子』は最初からすべてをオープンにしているわけです。

しかし、オープンにしてあっても、先ほどの呉王の闔閭と孫武の逸話のように実際にやれるかどうかということは、別問題となります。

実行するには、グラフなどを書いて可視化し、互いに確認をし合わないと継続はできません。

第六章

人間学の極意書として読む『孫子』

『孫子』を読んでいた歴史上の人々

曹操
吉備真備
桓武天皇
武田信玄
徳川家康
ナポレオン
ドイツ皇帝ヴィルヘルム二世
毛沢東

勝算の起源は『孫子』

『管子』『論語』『孫子』と辿《たど》ってきて、孔子がいかに管仲のことを意識していたかはこれまで何度か触れてきましたが、『孫子』を書いた孫武も、また管仲に強い影響を受けており、改めて『管子』の存在の大きさを痛感します。

しかし『孫子』と『管子』を比較する議論はあまりありません。

『孫子』は戦争の専門書ですが、戦争はするなと言っています。理由は、人民を苦しめるからです。戦争は国民を悲惨な目に遭わせる。

だから、勝つといっても戦争をせずに勝てるように、相手が敵わないような環境をつくることが最も大事だと述べています。

その環境とは、管仲の言う「富」です。「**倉廩実つれば礼節を知り、衣食足れば栄辱を知る**」が最重要のテーマとなります。

そういう豊かなところに人は集まってくるから、その周りの国は強大な国に対して戦争を仕掛けようとは思わない。

それで管仲は四〇年間、宰相であり続けられたのです。

『孫子』の時代は春秋戦国時代五〇〇年の間です。かつて一〇〇以上あった国が、孫武と孔子の時代には一〇カ国くらいとなり、最終的には秦一国になってしまいます。毎年、必ず大きな戦争があった時代です。

これでは人民が苦労します。そこで管仲は戦争をさせないために斉に覇権を取らせ、外敵の侵入の防ぎ、諸国間の争いを抑えました。

一方、孔子はそうした経済的・軍事的なことではなく、仁で人を導こうとしました。仁を広めることにより、民が虐げられる戦争を起こす人物がいなくなるようにと努めました。

ところが諍《いさか》いは必ず起きます。その諍いが起きるとき、どうしたら勝てるか、負けないかを追求すると、戦争しないことが一番だと『孫子』は言うわけです。

定量化して勝算を計る

これはどこにでも書いてあることですが、「**算多きは勝ち、算少なきは勝たず。而**《しか》**るをいわんや算なきにおいてをや**」。「算」は、今でこそ計算の「算」ですが、本来の意味するところは、「数える」「勘定する」です。

もうひとつは「謀る」、参謀の「謀」です。

それで何を数えるのかといえば、五つの項目、前章で説明した「五事」について、敵方あるいは周囲の人、自分に対し、質はどうか、量はどうかを数値化し、双方の実力を計ります。

そして勘定するための作戦会議を開きます。

また、その時代における経営企画部のようなものもつくっていました。孫武はそういうものをつくることを勧めています。

では、その会議をどこでやるのか。答えは「廟前」です。

「廟」とは自分の宗家《そうけ》、君主の先祖を祀ってある墓、のことを言いますが、その廟前で行います。

なぜ「廟前」でやるかといえば、忠義を尽くすため、そして絶対に嘘をつかないためです。

たとえば「この項目は敵のレベルが五段階、しかしうちは一段階とか二段階レベルなので不利です」。このように正直に言って、いかにも勝っているような体裁のよいことは決して言わせない。神に誓って、先祖に誓って、という覚悟を問う。廟前でやるというのが「算を謀る」ときの慣習でした。伝統だったわけです。

そうやって五項目のうち一項目ずつを採点して、トータルでどうなのかを計ります。その結果、勝っていたらそこで初めて算において勝つ。すなわち勝算となります。勝算という言葉は、『孫子』のこの箇所から来ているのです。

何事も大事なのはガッツだ、根性で行けというのでは勝算も何もありません。今、高校の野球でも、タブレットに細かいデータを入れて緻密な分析をしているチームが強くなっています。

二五〇〇年前に『孫子』が言っていたとおりになってきています。

拙速は巧遅に優る

前章で少しだけ触れた「**兵は拙速を聞くも、いまだ功久《こう》しきを睹《み》ず。それ兵久しくして国利あるは、いまだこれあらず**」。

「拙速」とは多少粗いが速い、つまり短期決戦に出て成功した例はあるが、戦いを長びかせてうまくいったことはない、となります。

「功久しきを睹ず」とは久しく、時間をかけたものに功があったということは見なかった。この見なかったに、賭博の「賭」という字を使っているところがミソで、そこに「賭」けてはダメなのです。

「兵久しくして国利あるは、いまだこれあらず」、長期戦は国家に何の利益ももたらさないと言っています。

前に述べたように、日本に「孫子の兵法」が入ってきたのは、聖武天皇の時代の少し後、八世紀半ば、吉備真備が唐から持ってきました。

吉備真備は地方の豪族で位はなかったのですが、どんどん位が上がって最後は右大臣にまでなった人で、その当時から見たら未曾有《みぞう》の大出世でした。

頭がよく、阿倍仲麻呂《あべのなかまろ》と一緒に唐へ渡り一〇年くらい滞在して、そのときに持ち帰ったのが「孫子の兵法」、『孫子』です。

それからさらに三〇年ほど経ち、桓武天皇が東北地方を支配下に置きたいと蝦夷《えぞ》地征伐を行いました。

ところが一カ月半かかってもまだ勝ったという報告がありません。

そこで、桓武天皇は詔勅で「拙速を聞くも、いまだ功久しきを賭ず」と聞くが何をやっているのだと言って、最初に行った将軍を馘《くび》にして、坂上田村麻呂《さかのうえのたむらまろ》を征夷大将軍に任命しました。

それで東北地方を治めることができたのです。

『孫子』を読んでいた桓武天皇

このとき桓武天皇は、戦争では巧遅、綿密に計算して長く時間をかけるよりも、多少粗っぽくても速く仕掛けたほうがよいと聞いている。一カ月半もかかるのはおかしいではないかと言って将軍を代えました。

つまり吉備真備が『孫子』持ち帰って三〇年も経たないうちに、時の天皇はすでに「孫子の兵法」を読んでいたということになります。

日本人はその当時、天皇から臣下までいかに知識に飢えていて、そういう書を読んでいたかということです。

今は外国の書物が無数にあるにもかかわらず、それらをまるで読もうとせずにスマホの画面ばかり見ています。まったく、何をやっているのかさっぱりわかりません。スマホは目で見ているわけですが、書物は目で追い、頭で考えているわけですから敵いようがありません。

だから日本人は、唐から持ち込まれた書物をわずか二〇年〜三〇年で、臣下の人まで、貪《むさぼ》るように読んでしまっていたということです。

「孫子の兵法」はその中の有力な書物でした。

情報には取り方と流し方がある

日露戦争は一九〇四年三月に始まって、翌年九月に終わっています。戦争をしていた期間は一年六カ月でした。

このときの日露戦争の戦費は、当時の日本の国家予算の何割ぐらいだったと思いますか。

五倍です。戦争はとんでもなくお金がかかります。

こういうことを知っていないと、「孫子の兵法」がいかに正しいことを言っているのかがわかりません。

ロシアが朝鮮を占領してしまったら、日本がやられるのは決まっています。樺太《からふと》からと朝鮮からと、日本は二正面作戦をとらなくてはなりません。

この当時のロシアは、世界でも一、二を争う強国で、ナポレオンでも勝てなかったほどでした。

当時の、日本における一年間の国家予算は四億円です。それに比して一年六カ月の間に使ったお金が当時のレートで二〇億円、それだけの戦費を注ぎました。

それはそうです。戦場は満洲、満洲で戦うわけですから満洲に兵隊を送る必要があります。兵隊を送るだけでなく、馬も大砲も車両も食糧もすべて送らなければなりません。

それらを送るための船、当時の輸送手段のメインは船ですから、海戦で海軍が負けてしまったらもうどうしようもありません。だから海軍にも、ものすごく予算をかけました。

どう考えてもお金が足りません。

そんな状態ですから、せいぜいもっても一年か一年半です。一年半以上続けば負けることは決まっているから、そのとき誰に仲裁に入ってもらうかが肝要でした。すでに政界を引退していた伊藤博文は金子堅太郎を呼びます。

大統領を動かした『武士道』

金子はハーバード大学出身で、アメリカ大統領のセオドア・ルーズベルトと同級生でしたから、説得に行けと命じます。

金子はそんなことができるわけがないと断るのですが、これは国家の一大事で日本が亡んでしまうか否かの瀬戸際だと言われ、大統領への説得を決心します。

しかし、アメリカ大統領にそんなことを言ったところで、日本のことが理解できるのか。できないで仲裁など不可能なので、日本を理解する足しになるような本はないかと懸命に探します。

ちょうど五年前に新渡戸稲造がアメリカで『武士道』という本を書いていました。金子がその『武士道』を大統領に渡すと、大統領は一気に読まざるを得ないくらいに面白かったようで、日本に大いに興味を持ちました。

翌日、側近にすぐ三〇冊を買わせ、自分の息子五人にもこれを読めと渡し、さらに外国の公使にも二〇冊ほど渡し、上院議長、下院議長にもこれを読んでくれと言って渡しました。

アメリカ政府に日本人というのはすごい民族だ、彼らを助けないといけないと思わせて助けるきっかけをつくったのは『武士道』なのです。

日本語の『武士道』というのは後から日本人が付けたもので、英語のタイトルは

「ザ ソウル オブ ジャパン」、日本の魂でした。

元々『武士道』は、日本語で出版されていたわけではないのです。『武士道』は戦後二代目の東大総長だった矢内原忠雄さんという教授が日本語に訳しています。終戦直後であったにもかかわらずアメリカはそれを許しています。

日露戦争はインフォメーションの勝利

日露戦争の一番の殊勲者は乃木希典《のぎまれすけ》や児玉源太郎、東郷平八郎だと言われていますが、そういった将軍に負けないくらい、あるいは将軍以上の働きをしたのが新渡戸稲造だと思います。

なぜかと言えば「彼を知り己れを知る」、彼、つまり日本を知るということをアメリカ大統領にさせたからです。

これは情報活動でも、インテリジェンスではなく、インフォメーションですごい成果を上げた事例といえます。しかし日本人はそのことに対する認識があまりない。

このとき伊藤博文、児玉源太郎、東郷平八郎らは戦争は一年しかもたない、もっても一年半が最長だと見通して、実際にそのとおりになりました。

そして高橋是清《これきよ》に国債を発行させました。

しかし日本が負けるとなれば、国債なんて買う人は誰もいません。そんなときに買ってもらうきっかけを与えたのが『武士道』であり、高橋是清の説得であり、金子堅太郎の演説行脚でした。

そのときの国債は、特にユダヤ系の人が買ってくれたわけですが、全額は一九四〇年くらいにやっと返せました。借金は当時の国家予算の五倍もあり、もちろん金利はなしではありません。金利だって高かった。

『孫子』を見て、「孫子の兵法」を読むにおいても言葉の細かい解釈をするよりも、その裏にある精神がどういうものなのか、それを探らないことには『孫子』を読む意味がありません。

管仲は、経済のことを知らずして戦争をやろうなんて将軍はダメだと述べています。

今日に続いている一二〇年前のロシアの失敗

今、ロシアはウクライナとの戦争で莫大なお金を使っています。

ロシアは日露戦争で失敗し、ウクライナでもまた失敗しようとしている。懲りない国です。学習のできない国です。

日露戦争のときもお金を使い過ぎ、レーニンの革命が起きて一九一七年に帝政ロシアは引っくり返されてしまいました。ロマノフ王朝の最後の皇帝ニコライ二世とその一家はみな死刑にされます。

ところが日本人もまた懲りなかった。十分なお金もないのに大東亜戦争に突入してしまったことです。

日露戦争の戦費は国家予算の五倍でしたが、大東亜戦争から終戦まで日本が費やしたお金は国家予算の実に二八〇倍という異常な金額でした。日露戦争とは戦争の期間が違いますので、単純比較はできませんが、とんでもない額です。

当然お金を借りる相手が要る。日露戦争のときは、借りる相手はイギリスやアメリカがいました。ところが第二次世界大戦のときには、お金を借りる相手といえば、三国同盟を結んでいるドイツ、イタリアといったお金のない国ばかりです。

お金を貸してくれる国もないのに、日本は日露戦争よりはるかに大きな戦争をしてしまいました。

だから山本五十六《いそろく》は、半年は我慢してみせますと言ったわけです。これも無責任な発言ですが、その程度の見通ししかなかったこともまた事実です。

外務省は『孫子』を読んで勉強すべき

半年間我慢して戦争をやって、日本の軍隊はどこの国に仲裁してもらおうかと考えていたかというと、事もあろうにソ連に仲裁してもらおうと考えていたわけです。そんな愚かなことを考えていました。

ソ連や中国という国は、水に落ちた犬は叩く国です。叩くなと言うのは日本だけです。

そんな甘い見通しでした。日本の外務省はいつの時代も甘いのですが、それは『孫子』を本当には読んでいないからではないかと思わざるを得ません。

今、『孫子』を一番研究しているのは中国です。

「**百戦、百勝は善の善なるものにあらず**」という言葉がありますが、戦争は勝ったほうの国ですべてが解決するわけではない。今、行われている戦争でロシアあるいはウクライナが勝ったとしても、国民はそこで生じた借金を何十年もかけて返すことになります。

さらには互いに憎悪が残る。ウクライナ人が生きている限り、民族が滅ぼされない限り、ロシア人をものすごく恨みます。

韓国も戦前に日本に併合され、韓国の王族は日本の皇族の一番最高位になり、非常に裕福になったにもかかわらず、まだ恨みがましいことを言っているわけですから、ほかの国においても同じです。

プーチンも今の戦争が終わってからヴィルヘルム二世のように、もっと早く「孫子の兵法」を知っていたら戦争なんてやらなかったのにと悔やむ日が来るかもしれません。

自分以外の人の頭の中を知る

「彼を知り己を知れば、百戦して殆うからず」の「彼」はすでに述べましたが、自分以外の人はみんな「彼」です。

日露戦争で日本がすごかったのは、ロシアと日本の海軍力、陸軍力、諜報能力のみならず周りにいる国、日英同盟を結んでいたイギリス、それにアメリカがどういう行動をとってくるだろうかということをきちんと分析しているところです。

彼らの国益と考え合わせて、そのとき彼らは日本を応援してくれるだろうか、あるいは敵対するか、情報を取って緻密に分析し、かつ彼らが日本を応援する方向へ傾くように情報を流しました。

敵はもちろん、その周りの人も全部見る、「彼を知り」というのはそういうことです。周りの人々、自分以外の人がどういう行動をとるか、あるいはどういう考えを持っているか、さらに、そういう人たちを、どうすれば自分の味方につけることができるかを謀ることがこの「彼を知り己を知れば、百戦して殆うからず」の意味するところです。

これは今のビジネスの世界にもそのまま当てはまることです。

大穴ねらいは勝利の原理原則にはない

うちの部長はダメだダメだと言ったところで、自分一人だけが言っているうちは、効果がありません。同調してくれる人がいないことには説得力に欠けます。

また、その部長が本当にダメだったとしても、言われた当人が忠言を素直に受け止め、自らを改めていこうと内省を促す方向へ導くには、どんな言い方をすればよいか、どういう事例を示せばよいか、そこを考えないといけません。

そういうことを定量化するための要諦が、先ほどから述べている「五事」や、これから述べる「七計」になります。

『孫子』がここで、「敵」という言葉は使わず、「彼」と言っているところに奥深さを感じます。

ビジネスパーソンでも、もう一つランク上の仕事をして会社、国家、社会、家庭、個人のために、自分はもっとよくなろうという上昇志向がない人はダメです。

昇進や昇格に対する意欲があるのを何か悪いことのように思っている人がいたら、それはとんでもない勘違いです。

上昇志向はないといけません。特に日本が一番遅れているところは、女性の上昇志向がないことで、これは周りの理解がないことも影響していますが、日本は非常に遅れています。

間者に鈍い日本

では、「彼を知り己を知れば」とはいったい何を知ればよいのか。これが問題です。

ＪＡＸＡ（国立研究開発法人 宇宙航空研究開発機構）のＨ３ロケットの打ち上げが失敗に終わったとき、「孫子の兵法」を読んでいる人であれば、すぐにあれはスパイが入っていて、システムをいじられたのではないか。あるいは、敵のスパイに通じたやつがいるのではないかと考えます。

日本人はそんなことを考えもしない。ものすごく抜けています。

また、「孫子の兵法」では、プロジェクトのリーダーがふさわしい資質を持っているのかどうかを問います。

ＮＡＳＡのプロジェクトリーダーには、どういう人がなっているのか、中国の宇宙開発のプロジェクトリーダーはどういう人がなっているのか。

こういうこともやはり調べなければいけない。

当のプロジェクトリーダーは、自分自身で彼我を比べて反省しなければなりません。

それが戦うということです。

Ｈ３ロケットにしても「**兵久しくして国利あるは、いまだこれあらず**」で、失敗の究明に時間がかかっているようでは、どうしようもない。長くなればなるほど勝ち目がなくなります。

プロジェクトに関しては、「孫子の兵法」の考え方が全部に当てはまります。

勝つべき相手に確実に勝つ

「善く戦う者は、勝ち易きに勝つ者なり」。野球で打率のよい人は難しい球を打って打率を上げているのではなく、甘いボールが来たときに逃さず打つ、これが名打者の要諦だと王貞治さんや長嶋茂雄さんが言っていました。

大谷翔平選手クラスになると、低いボールでも片手で、しかも地面に膝をついてでも打ちますがそんな選手はめったにいません。

「善く戦う者は、勝ち易きに勝つ」とは、軍費を使わずとも勝てるときにはきっちり勝っておかないとダメだということです。

これは字句どおりの訳では不十分ですから、もう少し補足します。

会社が儲かっているとき、少しばかり稼いでいるからといって、交際費なんかも大目に見ていいぞ、と言ってしまうような会社は見込みがありません。お金が余分にあるときには貯める。貯めやすいときに貯めるというのがよい経営なのです。

それにもかかわらず、そろそろ緊縮財政も緩めてよかろう、営業は外だけじゃない、社内営業というのもあるぞなどと言って連夜飲みに行ったりする。そういう会社はだいたい早晩ダメになります。いざというときのために備えていないからです。

「善く戦う者は、勝ち易きに勝つ者なり」とは勝てる相手には必ず勝つということですから、本当になんていうことない、普通のことを言っているだけのように見えます。しかしそういうことではありません。

社員が稼いできたときに給料を上げるのはよいことです。給料を上げるのは「賞罰明らかなり」ですから。お金が儲かったとき、将来のために、技術開発のために、営業開発のためにお金を使う。これはムダ遣いではありません。

ところが、たまにはいいだろう、儲かっているのだからと言って、今晩は飲みに行こうと繰り出して遅くまで飲み、帰りは家が遠いからとタクシー券を使ってしまおうなどと言っていたら、貯えなどすぐになくなってしまいます。

戦いは常に正と奇の合わせ技

「およそ戦う者は、正をもって合し、奇をもって勝つ」。これは、戦うときは正攻法でいかないとダメだが、勝利を掴むためには「奇をもって勝つ」ことが必要であるという意味です。

正攻法だけであれば相手だって正攻法で来るわけですから、そうそう簡単には勝負がつきません。五分五分です。

そこで相手がびっくりするような、あるいは相手の虚を衝くような、弱点を衝くような奇策を用いなければ勝ちを得ることはできません。

「兵は詭道《きどう》なり」といいます。「詭道なり」とは、軍事行動で相手が思ってもみないことをやるということです。源義経の「鵯越《ひよどりごえ》の逆落とし」のような奇策を打つということです。

しかし奇策を打つのは、あくまで正しい手順を踏んだ上でのことで、「勝算」を踏んでいない「詭」では、かえって我が身を危うくします。

「勝算」の上に立って、初めて「詭」はその効果を発揮するのです。

ではその「詭」とは、現代ではどういうことなのか。少し極端ですが、わかりやすい話をしましょう。

たとえば競合他社と戦って勝つか負けるかというとき、和解しませんか、合併しませんか、共同開発でいきませんか、そういうことを言ってみる。

その結果、共同開発となったときには、ではお互いの技術やノウハウ、特許などを開示して、その上でまた相談しませんかと言ってみます。

もし、開示した途端に相手が何も持っていないことがわかったら、共同開発は即座に中止して単独開発に切り替え、そこに予算を集中させなければいけません。

あるいは和解の提案を相手が受け入れ、すっかり安心したところで、実は和解でよかったです、うちも食糧がなかったところなので……などと、愚かな人間なら口を滑らせるかもしれません。

すると、あなたの会社のこういう部分がちょっと不明瞭だからなどと言って、その和解をチャラにし、すぐに相手の市場を取りに動く。

こういう動きが「詭」かもしれません。

日本人はいったん和解ということで話が決まれば、たとえ相手がダウン寸前でも和解に向かって進みます。日本人は本当におめでたくできています。

神風という物語の創作者は貴族

明治時代までは、そんなことはなかったのですが、昭和以降は形勢が悪くなると神風が吹くなどと言い、そんなものは吹くわけがないのにみながそう信じていました。

文永・弘安の役で日本が蒙古を追い返したとき、突如風が吹いたのは事実です。

しかし「神風」以前に、時の執権・北条時宗は絶対に勝つ、勝たないと国が亡ぶとわかっていたため、必死の覚悟で準備をしていました。

一方、朝廷とそれに属する貴族は、自分たちが殺されるのは嫌だけど、自分自身は戦争ができないからただ寺社に祈るしかありません。

その結果、勝ったのは神の思し召しがあった、天皇が神に祈ったから神風が吹いたのだというふうに、周りの貴族が話を創作しました。

「神風」を吹かせたのは、天皇家の祈祷のお陰だと、周りの貴族が喧伝したのです。

孔子も孫武も、神様だとか仏様だとかそんなものは絶対に信じません。「子、怪、力乱、神を語らず」と『論語』にもあるとおりです。

孫武も、そんなものは存在するわけがないとはっきり言い切っています。

神や仏はいない、このやり方でしか勝算は計れない。神仏に頼ってもダメだと言っています。

とはいえ、私は会社に神棚を作ってパンパンと拝むのをやめたほうがよいと言っているわけではありません。

精神の安定につながるのであれば、やればいいと思います。

ただ『孫子』は私と違い、神頼みなんてしてはダメだ、そんなことをやっていてはいけないと言っています。

現代ビジネスの詭と危

今の日本においてはプロジェクトチームのリーダーや、相手と交渉するときのプレゼンター、交渉の団長、全権大使に女性を任命するというのも「詭」かもしれません。日本人は男性同士でプロジェクトチームを組むことになれば、必ずと言ってよいほど、お近づきの印にまず一杯飲みましょう、となります。

一杯飲んで経営がうまくいくなら苦労はありません。

日本の女性がリーダーになりにくいというのは、夜の付き合いがあるからでしょう。お金と時間のムダ遣いです。

夜の予定ばかりずっと先まで塞がっている、接待や会食でスケジュールがいっぱいの社長はだいたいダメな社長です。

日本の会社では、不思議なことに、仕事ができない人ほど、「社長、お疲れですよ。今度都合のいい日、明日でも明後日でもいいのでちょっと一杯行きませんか」などと言って近づいてきます。そう言われてついて行くような社長では困ります。

それでも、たまにはついて行ってやらないと、これもまたダメなのですが。

見える化したグラフで彼と己を知る

「善く戦う者は、これを勢に求めて、人に責《もと》めず」。これはリーダーの心得です。

勝負には「勢」が非常に重要、この「勢」をどうやって出すかといえば、将軍だけとか誰か一人に頼っていてはダメで、チーム全体に勢いがつくムードづくりが肝心になります。

2023WBC(ワールド・ベースボール・クラシック)を見ていたら日本代表の栗山英樹監督はすごい。

勢いのある選手を起用してチーム全体に勢いをつけました。その選手らの活躍でチームワークがいやが上にも高まりました。

これがプロジェクトチームでも、会社でも、自分の部でも課でも必要なことです。

「これを勢に求めて、人に責めず」とはこういうことを言っています。

「善く戦う者」とは自分のチームに勢いを持たせる人です。栗山監督はそういう選手

四象限のマトリックス

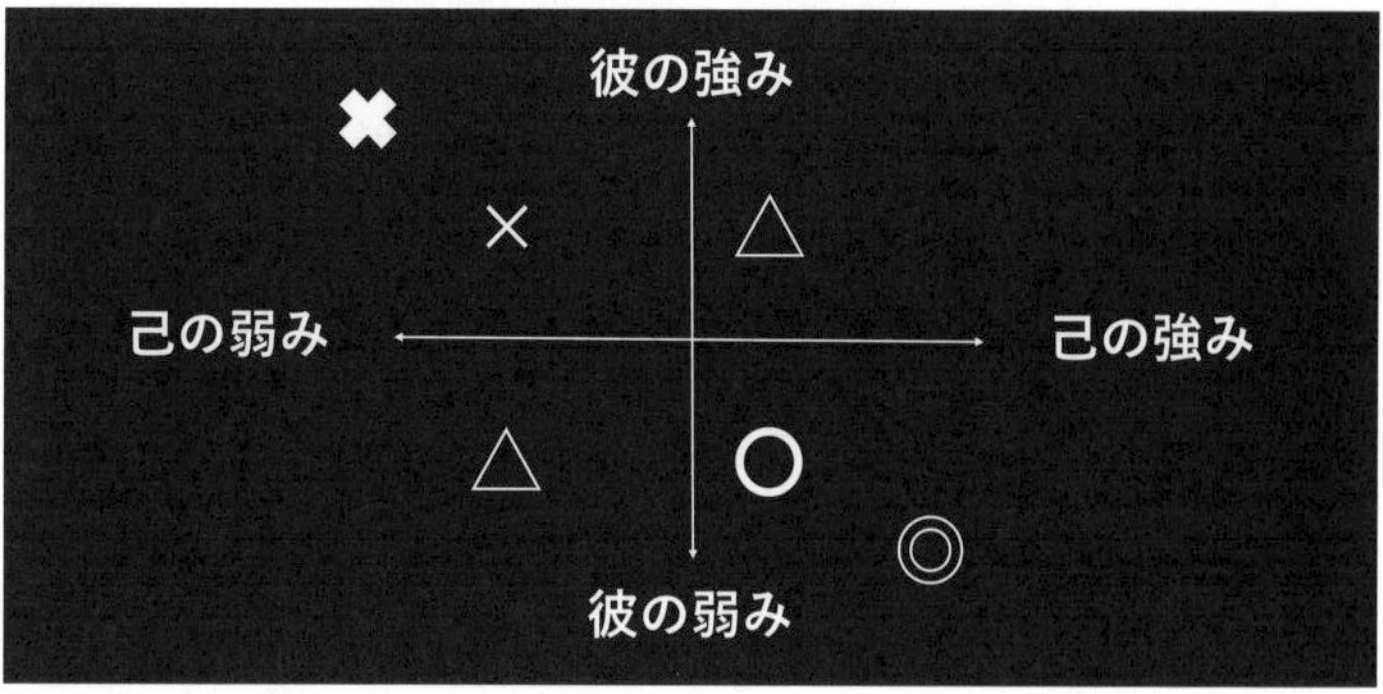

起用がうまいのです。的確な選手起用でチームの勢いが増しました。

サッカー男子日本代表の森保《もりやす》一《はじめ》監督と日本のベースボールの栗山監督は、似たところがあるように思います。チームのムードを高めている。これも勉強しないとできないことですから、両監督ともよく本を読んでいますし、実によく勉強していると思います。

四象限でグラフ化する

このグラフは私がつくったもので、縦軸は「彼」の強みで、上のほうが強み、下のほうが弱みです。横軸が「己」の強みで、右のほうが強み、左のほうは弱みとなります。

喧嘩をするときは天の利、地の利の他に、己の強みと彼の弱みが重なるようなところで喧嘩する、戦争する、交渉することが非常に有利であることは言うまでもありません。

これはビジネスの秘訣の一つですが、常識でもあるのです。

だから右上の△のところが、数学的にいえば第一象限、また、左上の×となっているところが第二象限。その下の△が第三象限、◎のところが第四象限です。

喧嘩をしたり交渉をするときには、自分は強く、相手が弱いところで議論を展開すること。これは非常に重要なことです。すなわち◎です。

自分の弱みで相手が強みであるところ、すなわち×点をしてあるところはダメです。

こんなところで議論をすれば一方的にやられてしまいかねません。

だからもし会社を合併しようというときには、自社の強い部分、たとえば省エネルギー、環境技術、脱炭酸素について、これからはこうした科学技術の進歩が最も重要で、おたくもやっておられるでしょうと言う。実はその会社がまったくやっていないことがわかっていてもあえて言って、こういうことが将来の重要項目ですから、合併するときにはこれを評価項目の最優先にしましょうと誘導します。

実際に始めてみたら、うちの強みばかりが残った、これは驚いた、意外とうちもやってるんだなと自社の社員が驚く。そのようにリーダーは合併を有利な条件で運ばなくてはいけません。

ボスマネジメントの極意

ビジネスパーソンであれば、上司と自分との関係も同様です。

話題はいつも自分が得意で、上司が不得手としているところへ持っていく。ビジネスパーソンで出世しようと思ったら、上司をコントロールしなければいけません。

「故によく戦うものは、人を致して人に致されず」

これもビジネスパーソンにとって重要な言葉です。「人を致して」とは、人に対して自分が主導権を持つことを指しています。相手をコントロール下に置くということです。

人を自分のコントロール下に置いて、自分は人のコントロール下に入らない。この「人」とは誰のことかといえば上司です。

反対に、上司のコントロール下に置かれ、苛められるというのはもってのほかと『孫子』は言います。

「人に致される」、すなわち上司にコントロールされてはいけない。上司に主導権を握られない、コントロールされない。つまり出世しようと思ったら上司を「致さない」とダメなのです。

これは不遜なことでもけしからんことでも何でもありません。

自分よりも経験豊かで優秀だと、会社が認めた人が自分の上司にいるのですから、その上司をコントロールしている自分は、上司よりさらに能力があって、会社に対しても上司より大きく貢献しているのです。後ろめたいなどと思う必要はまったくありません。

後ろめたく感じるのは、自分に自信がないから、能力がないからです。

苛めるのが趣味で、弱いもの苛めをしている人もいるかもしれませんが、最初はみんなそうではなかったはずです。

あまりにも悲しそうな様子で苛められるものだから、心地よくなってさらに苛めてくる人間もいます。だから苛められるほうにも些少《さしょう》の責任はある。まったくないとは言えません。

いずれにせよビジネスパーソンが競争の中で勝ち抜くためには、この「人を致して人に致されず」ほど重要な言葉はないと思います。

主導権を握るためには

「戦上手は、こちらが主導権をとるように努め、相手に主導権をとられないようにする」。これは戦でもビジネスでも、戦って生きていくための必須条件と言えます。

主導権とは、生まれつき持っているものではありません。世襲の殿様の時代であれば仕方ありませんが、それでも殿様を感心させて自分を特別視させる、殿様にとってちょっと煙たい存在になることは、その時代の家臣には大事なことでした。

ビジネスパーソンが自分をプロモートしていくためには、会社のために貢献していくためには、やはり上司を驚かさないといけません。

驚かすというのは、あいつは大変なことを知っているな、すごい能力があるなという純粋な驚き、感心です。

それでなければ、あいつは怖いことを知っているな、俺の私生活まで知っている……と、場合によってはそこまでいかないとダメかもしれません。

部下に知られてはいけないような問題が私生活にある人が、上にいることは会社にとっても有害なことですから。

「孫子の兵法」はこのように非常に冷徹です。孔子の「仁」とは違います。食うか食われるかの戦争をするためには安易なことをするな。お金のことでも何でも、悪いことも含め、とにかくいろいろなことを考えろと説いています。

そもそも戦争は善良なものではありません。現実を冷徹に見通す。ここが『孫子』のすごいところです。

間接話法で関係改善を図る

しかし、主導権をとれず受動的な立場に追い込まれてしまった場合、ビジネスパーソンはどうしたらよいのでしょうか。

消極的な方法としては、上司もしくは自分の異動を待つのも一つです。しかし異動までに何年かかるかわかりません。

ただ、異動を待つにしてもやるべきことがあります。

とにかくその上司を褒めることです。もちろん褒めるにしてもやり方があります。ただ闇雲にあなたは素晴らしいですと言っても、白々しい、ふざけるなと言われるのがオチです。

だから、どこかで同僚と飲んだときなどに「確かに腹は立つけど、あの部長が俺に厳しいことを言ってくれるのはありがたいことだと思うよ。あれは大した部長だ」と言って大いに褒める。

それを聞いた同僚は、必ずその部長に報告に行きます。

昨日部長が厳しいことを言っていたので、あいつはきっと恨んでいると思ったら、始めから終わりまで部長の指導はすごい、自分も頑張らなきゃいかん、うちの部長は大したものだと言っていました、と言うに決まっています。

そうすると苛めていたはずの部長も、「少しは手心を加えてやるか」と考えるかもしれません。本当は部長がそんなちょろい人間ではダメなのですけどね。

人をコントロールしようと思ったら、その人に直接言うよりも間接的に伝わるほうが効果的なことがあります。ですから逆に、もしあの部長はダメだなと誰かに言ったら、これも必ず本人に伝わります。

こういうことは国と国とでもすべて同じです。

たとえ逃げるときでも、自分のことを避けて逃げたと思われてはいけません。逃げるにしてもまず相手を褒める。褒め殺しならぬ、褒め生かしです。

外国人に「褒め殺し」という言葉は通じません。彼らは、それは褒め生かしだろうと言います。褒めるといったら、相手を生かすことしかないのです。

彼を知る費用を惜しんではならない

すでに言ったとおり「孫子の兵法」の一三は「用間篇」です。「用間」の「間」とは、「間者」の「間」、スパイのことを指します。

この部分は「孫子の兵法」の中でも五指に入るくらい重要です。「彼を知り己を知れば、百戦して殆うからず」、彼を知るためには「間者」が重要になってくると『孫子』は述べています。

日本人はスパイなんて卑怯だと言いますが、決してそうではありません。極めて少ない予算で勝つための有効な手段です。

そこで大事になるのは敵よりも先に知ること、「先知」という言葉がキーワードとなります。

何を知るかといえば、「五事」とか、これから話す「七計」、こういうことを敵よりも先に知る、先に把握しておく。早い者勝ち、先知に勝るものはありません。

「先知」という言葉は、「孫子の兵法」では非常に重要です。にもかかわらず、「彼」を敵より先に知るための「用間」に費用を惜しむようでは話になりません。

戦争をしたら、いっぺんに国家の年間予算の何十倍、何百倍のお金を使ってしまいます。それに比べれば情報をいち早く得るための「用間」の費用など大したことありません。

ところが日本人は、そんなことすら考えられない。韓国などを見ても、たとえば慰安婦問題で、あることないことの宣伝にものすごくお金を使っています。日本人はそこにお金を使わない。だから日本の外務省に一番勉強してもらいたいのは『孫子』なのです。

情報源には五種類ある

用間を一番使っていたのは豊臣秀吉と徳川家康でした。隠密、お庭番とも言われますが、時代劇に出てくるような斬り合いをしているのはダメです。敵と斬り合ったり城に忍び込んだりするというのは、よほどダメな間者です。

間者には五種類います。

「郷間…敵国の住民を使って情報をとる」。そこに住んでいる人に十分なお金をやって必要な情報を取る。現代でも、法に触れることをやってはいけませんが、ライバルの会社に友人をつくって、そこからいろいろな情報を得るという手段はあります。

「内間…敵国の役人を使って情報をとる」。

「反間…敵の間者を手なずけ、こちらの間者とする」。ダブルスパイです。

「死間」というのは凄まじいものです。

『三国志』の赤壁《せきへき》の戦いに出てくる話ですが、呉の黄蓋《こうがい》という将軍が自分の主君に大変疑われて百叩きの刑に処されました。傷だらけになり、息も絶え絶えで魏の曹操軍に逃げていき、これはもう反逆をするしかない、情報を全部渡します、曹操の軍に味方します、と訴えます。

ところが実はこれが間者で、裏でいろいろ謀《はかりごと》をしたものだから、赤壁の戦いで曹操は負けてしまいます。

これが「苦肉の策」という言葉の語源です。

最後が「生間…敵国から生還して情報をもたらす」です。両国を行き来しても怪しまれない商人などになって、情報を集めて帰ってきます。

脇の甘い日本人

敵国の住民を使って情報を得る、あるいは役人を使って情報を取る。

今、中国はいろいろな手を駆使し、政治家や会社のトップをハニートラップにかけています。こんな古い手であっても日本人は、モテもしないくせに自分のところへ異性が近づいて来ると、自分に魅力があるのだろうと思い込み、簡単にひっかかってしまう。

実に甘い。

海外のみならず、日本でも、常にそんなことで脅かされ、家庭不和を起こしているような人がたくさんいます。

だから私も会社の現役のとき、二〇年くらい前のことですが、上海支店長とか北京支店長だとか他の国へ支店長が赴任するとき、「お前、ちょっと注意しとくぞ。外国では想像もできないようなことがいろいろあって、必ず窮地に陥ることがある。特にハニートラップに気をつけろ」と忠告をしたら、「いや、私にはそんな心配はありません」とたいてい気にもかけません。

しかし世の中には、必ずそういうことがあると思わないといけません。ハニートラップではなかったとしても、マネートラップの可能性もあります。

そういう可能性があるとき、社長は未然に防がなければいけません。「用間」を防がなければなりません。さあ、どうしますか？

ハニートラップを仕掛けたほうは、奥さんに言うよと必ず脅してきます。それで効き目がなかったら、あるいは逡巡《しゅんじゅん》しているようなら社長に言うぞと脅されます。

その場で社長に電話せよ

私の場合は新たに赴任する支店長にこう言ってやりました。「そのときには、必ずこう言うんだぞ。うちの數土という社長は、こういうことはちゃんと予想しておりまして、そうなったらすぐ電話しろと言っています。なんなら今から電話しましょうかと言って、すぐその場で俺に電話しろ。そしたら俺がちゃんと、ハニートラップにかかったくらいで会社は処罰しない、だから効き目はないよと言ってやる」。するとそれまで、私はそんなことありませんからと言っていたのが、急に直立不動で「社長、よろしくお願いします！」と言ってきます。

やはりこういうことは準備をしておかないといけません。

ちなみに今でもこうした罠は、国際ビジネス間で確実に存在します。ないと思っていたらそれはおめでた過ぎます。

ただし、この「用間」活動の元締めは、優れた知恵と人格を備えた人物でないと務まりません、と『孫子』は言っています。これを一番地道にやっているのはイギリスのMI6とアメリカのCIAです。

CIAの長官は、今まで自分が得た情報を利用して逆に大統領を脅かしたというようなことがあったのですが、スパイ活動をする人は人格者でないとその役目を果たせません。

現代は国際化しているのだから、スパイ合戦のようなことはないと思うと言っても通用しません。

香港でも、自由を求める人は、みんな調べられているわけです。あれはみんな「用間」、すなわち「郷間」「内間」「反間」、これらをすべて動員して、今度こういう職をちゃんと用意してやるから、あそこを調べてこいと言われてやっているのです。

必ず探られている、そう思わないとダメです。

「五事・七計」こそが『孫子』の肝中の肝

繰り返しになりますが、「孫子の兵法」の肝は「五事」、そして七つの計算の実践である「七計」にあります。これが最も重要となります。

「五事」というのは、前にも述べたとおり「道」「天」「地」「将」「法」です。これを現代のビジネスに置き換えて考えてみます。

「道」とはそのチーム、国、あるいは企業、あるいは事業所、事業部、それから部と思ってください。そこに「共有できる志、大義名分」はあるか、それをみんなが共有して「一味同心できる目的」を持っているかが戦う上で非常に重要な力となってきます。

今は新聞や雑誌がほとんど売れなくなってきています。読者が非常に少なくなってきている。

そういうときに『致知』だけは発行部数が十一万部以上と売れていて、大変繁盛しているのですけど、それはなぜかと言ったら、この「道」が優れているのではないかと思っています。

五事

項　目	内　容	要　点
1.道	共有出来る志、名分	一味同心出来る目的
2.天	時代の趨勢	確かな洞察力
3.地	活動する分野	得意分野、スキル
4.将	長たる能力の有無	信頼に足るか
5.法	組織力、ガバナンス	総合貫徹力

格物致知、人間学、そういう編集方針で社長以下、社員と読者が一体となって「一味同心できる目的」のようなものを持っている、一体となって人生の生き甲斐のようなものをつくり上げているのではないかと思っています。

他の新聞社、雑誌社が果たしてこういうものをつくれるかどうか、そこがこれから問われるところです。

国家にはそういうものがないと立ち行きません。ワールド・ベースボール・クラシックにおける日本の指揮官・栗山監督は、自分たちが優勝することで日本の国民に元気を与えたいと言いました。これが「道」です。

ところが、この「道」については、『孫子』ではあまり説明していません。「道」「天」「地」「将」「法」ともに説明が少ない。

いま私が述べているのは全部『魏武注孫子』、つまり魏の曹操が注釈を付けたものに従っているだけです。

ビジネスはタイミング

「天」とは時代の趨勢《すうせい》です。時代の趨勢とは、たとえば先ほど述べたように確かな技術力はあるか、ＳＤＧｓやＥＳＧなど、ビジネスが今の流れに乗っているかといったことになります。

私が最初に「徳望」というものの中には、必ず洞察力というものが入ってくると言ったのは、これから重要になってくるものが顕在化するタイミング、「天」のタイミングを見通すにはこの洞察力が大切であるからです。

「地」とは活動する分野のことです。

地理的なもの、すなわちアフリカで活躍するとか、中国、東南アジアで活躍するということでもありますが、もうひとつはビジネスの得意分野のことでそれは食糧なのか、機械なのか、ＡＩなのか。

得意分野のスキルと要点を把握し、どの分野で勝負するかということです。

「将」とは、プロジェクトリーダー、社長、事業部長には本当に能力があるのかどうなのか、うちの会社の社長は同業他社、あるいは異業種の、世界の経営者と比べてどういうレベルにあるのか、それを見極める存在。

自分自身もそうです。自分は部下にとって信頼に足る上司かどうなのか、それを自覚しないといけません。

「法」なき企業の末路

「法」とは組織力、ガバナンスのことです。

賞罰もそうです。賞罰とは今でいう給料のことで、給料はちゃんと元気が出てくるような水準なのか。また、よいことをしたら、ちゃんと認めてくれる会社なのか。リスキル、リカレントで学び直して簿記一級や英検一級を取ったら、給料にも反映させないと、これからはダメだと思います。

ガバナンスも、日本では、自動車会社が決められた排気ガスやいろいろな試験を無視していたようなこともありますし、数字の改竄《かいざん》もやっていたとか、電力会社がカルテルを結んでいたとか、惨憺《さんたん》たる状態にあります。

だいたいカルテルを結ばないとやっていけないというような業界は、経営統合、合併しないとダメです。

中央地方の経済団体の会長を務めているような会社が、こともあろうにカルテルをやっていたなどというのは末期症状で、本当にもう「法」がまったくダメになっています。

「法」がダメだから、自分のことしか考えていないものだから、一〇年前に日本のエネルギー会社は世界第二位の売上を誇っていましたが、今ではもう五〇位にも入っていません。

これからは国民のために合併、効率化して国民に還元すべきです。今は自分の利だけがあって、国民に対する義、公の義がありません。

五事七計を徹底的に実践せよ

「道」「天」「地」「将」「法」を廟前で行って、彼と私のほうでどうなっているのかと計算、評価する。これが「算」です。

七計

項　目	内　容	要　点
1.有道	共有出来る目的、志	共感、支持、参画
2.有能	専門、スキル、能力	確認出来る強さ
3.天地	時代性、得意分野	独自技術、オンリーワン
4.法令	倫理観、ガバナンス	意思の強さ、忍耐力
5.強	勝負強さ	意志力、精神力
6.練	調練、自己鍛錬	信頼、忍耐力
7.賞罰	報酬と公平さ	充実度、納得感

経営者は自分の会社、個人は自分の課、あるいは自分自身をこれで評価します。この比較評価表を持っていることで戦いに強くなる、また、自分の能力を高める基礎になります。

そして「七計」、これは「五事」をもっと細かく「有道」「有能」「天地」「法令」「強」「練」「賞罰」の七つに分けて、さらに具体的に計っています。

筆頭の「有道」とは、「五事」の「道」をさらに詳《つまび》らかにして「共有できる目的、志」があるか。それから「共感、支持、参画」の意識があるかを計っています。

その他についても右の表を見ていただければよくわかると思います。

「孫子の兵法」は、「五事」と「七計」の二つが肝です。

「五事・七計」の二つを自分の机に貼ったり、個室を持っているなら壁に貼って、日々研鑽のために、自省のためにこの表を見るようにしてください。

自分は今、課長だけど部長になったら、今、部長をやっているあの人に優る仕事ができるだろうか、勝算はあるだろうか。また、自分のライバルが社内にいたら、自分と彼をこの「五事・七計」で比較したらどうだろうかと勝算を計ってみる。

これを大谷翔平選手はいつも行っています。

大谷選手はデータで、あのバッターはこういうボールをこのコースで何割打っている、そこでシンカーか、カーブか、スライダーか、あるいは直球か、何を投げるかを決めている。

そういうデータを全部分析していると思います。

繰り返しになりますが、評価で最も重要なことは、定量的にやらなければいけないということです。研究者であれば自分は論文をいくつ書いているか、その論文がいくつ他人に引用されたかで計る。営業であったら拡販をいくらしたか、お客さんを何人増やしたのかと、具体的な数字が評価の対象となっていなければなりません。

評価は冷徹に、育成は温かく

すでに何回も述べたように日本人が国際的なビジネスを始めて、アメリカ、中国やシンガポールに行って一〇人の部下を持ったとき、その一〇人の人事考課を日本人はほとんどできません。公表に耐え得る人事考課能力がないのです。

向こうの上司は部下を一〇人持ったら、一番から一〇番まで、一五人持ったら一番から一五番まで、あなたは何番目と公開しなければなりません。そうしないとアンフェアだとされてしまうからです。

サッカーの選手だとかプロ野球の選手と同様に、全部数字に基づいて査定する。だからあなたの年俸はこれだけだと言われても、何の文句も言えないのです。

それがプロ野球の選手やサッカー選手に言えて、なぜプロのサラリーマンには言えないのか。

ここが日本の甘いところだと思います。

「賞罰」について自分は部下に対し、定量的に公平な評価をしているだろうか。部下がよいことをやったときに、あなたはよいことやってくれたねと、きちんと評価していただろうか。

逆に結果が出なかったときでも、あなたは去年より点数は平均で五・五点に上がったけど、他の人はもっと上がっているから全体の順位は変わりませんと定量的に評価をしていただろうか。

結果が出ていないときでも、あなたが一所懸命勉強している、努力しているのはわかっています、私も応援しますから、また頑張りましょうねと、定量的に見ていればそう言えるわけです。

正当な評価が日本経済の浮力になる

この「孫子の兵法」を真に理解していたら、自分の部下を正当に評価ができて不満を持たれません、きちんと納得してもらえます。戦う姿勢を維持できるのです。

しかし日本人は部下の評価をし、それを公にするということが本当にできません。これが日本の企業の生産性を悪くしている一番の元凶です。

なぜそうなるかといえば、日本にはやはりJob Descriptionすなわち職務記述書というものがないからなのです。

職務記述書の話はこれで何度目でしょうか。私がかつて『論語』を読んで「巧言令色、鮮し仁」が二度出てきたとき、出版社が間違えて重複したと思いましたが、そうではなく孔子とその弟子が繰り返し議論していたからでした。

この本に限らず同じ言葉が何度も出てきたら、大切だから二度も三度も出てくるのだと思ってください。

Job Description は会社が人を採用するとき、個人が就職の応募をするときの基本となります。Job Description に記述されているのは三つです。

どんな仕事をするのか、その仕事の範囲はどこまでかが Job Span、その仕事に求められる難易度はどの程度かが Job Quality です。

また、Job Performance とは、一シーズンに少なくとも打率二割五分、出塁率は三割二分はやってもらいたい、そのくらいの成果は出してほしいということで、それを上回る成績なら一分ごとに給料をこれくらい上げましょう、あるいは翌年のステップアップの評価点を一ポイント上げましょうという決め事です。

日本生産性本部が一〇年前に調べたところでは、日本の財務省の官僚は大学卒業後すぐに入って来ますがアメリカは違います。指定された大学、大学院、指定された州の役所で二年以上の経験がないと入れない。

それから国家資格者であることも必須です。その上でJob Descriptionが定められています。評価の基準はあくまでも明快なのです。

古典三部作を徹底実践しよう

「五事・七計」が「孫子の兵法」の『孫子』の肝です。これを読んだらもうすぐに、今から実践してください。

『管子』も『論語』も『孫子』も、それを知っただけでは何の意味もありません。また私もこの本ではずっと、知ることよりも実践するための読み方を申し上げてきました。しつこいくらい繰り返し述べたことは、実践するために特に重要で必要だと考えていることです。

読んでいただいて、もっともだと思ったものの、実際にやるとなったらなかなか難しいな、くらいで終わってしまったら、何も読んでいないのと変わりません。

この古典三部作は、いずれも例外なく実践してこそ真価を発揮します。

どこから始めるにせよ実践することが大事。ですから、この本を読んだら今からすぐに実践してください。

先人の知恵と教えを現代で実践する。それがすなわち本当の「温故知新」ということです。

おわりに

この本は、致知出版社が主催する「社長の『徳望を磨く』人間学塾」で、私が講師を務めた「古典に学ぶリーダーの条件」全六講をまとめたものです。

致知出版社の藤尾秀昭社長からこの講座の講師を依頼された際、主題である「徳望を磨く」について、特に古典から題材を引く形で話してもらえないかと言われ、それならぜひひやらせてもらいたいと快諾いたしました。

講師をやってみないかと言われたとき、瞬間的に非常にうれしかったことを覚えています。

なぜうれしかったのか。

まず「徳望を磨く」というテーマです。そもそも「徳望」とは何でしょうか。徳望の「望」とは、他人から見た徳のことです。

したがって徳望のあるなしは、自分で決められるものではありません。「あの人は徳があるな」という他人の声が徳望だと思います。

徳を磨くために私たちは本を読み、人の話を聴き、自らの言動を点検して研鑽するわけですけれども、徳望のあるなしは自分で決めることではありません。徳望の有無の決定権は自分以外の人にあるのです。

では他人から見たとき、どういう人が徳望のある人なのか、徳望の条件とは何か。これは私が若い頃から自問自答し追求し続けてきたことでもあります。

そうして四〇代ぐらいのときから、徳望のある人とは次の三つの条件を備えている人であると思うようになりました。

徳望の条件の第一は社会のため、国家のため、人々のため、そういう正義を実践する知識と知恵、勇気、実践能力を持っていることです。

正義を貫く意志はあったとしても、それを実践する能力のない人は、徳望があるといってもこれは学者の話で本当の徳望ではありません。

実践力のある知識と知恵、勇気、これが第一の条件です。

第二は私利私欲があってはならない。これは簡単そうで非常に難しいことです。私利私欲は人間の宿業ですから、常にこれを克服することは至難のワザです。

しかし、これができずして徳望はあり得ません。

いま人生一〇〇年といわれている時代にあって、私利私欲で晩節を穢《けが》すことは致命的となります。

どういうことかというと、平均寿命が六五歳くらいだった昔は「晩節を穢す」といっても、五五歳定年でリタイアしたらあと一〇年くらいしか生きていません。リタイアから一〇年くらい経って前の失敗が表に出てきても、その頃には当人はこの世におりませんから、死者に鞭《むち》打つようなことはやめておきましょうと、過去の失敗を暴くような動きは出てこなかったかもしれません。

しかし、今はその後何十年も生きていますから、私利私欲のために人倫に悖《もと》るような行動をしたら、やがて容赦なく明るみに出ます。

現在のほうが、非常に恐ろしいことになるんだということを認識しておかないといけません。特に組織の長は、このことを肝に銘じておかないとダメだと思っております。

徳望の条件、三番目は洞察力です。

物事がこういう方向で進めば、自分はどういう行動をすべきか、将来はどうなるのか、将来を見通す力、洞察力を持たなければいけません。

洞察力と観察力は違います。

学者は過去と現状を分析する観察力、すなわち起きた現象だけを見て分析すればいいかもしれません。

しかし、表面に現れていないことを感知し、そこからさらに深い意味を悟って、将来どうするかと判断する。これが洞察力です。

必要なのは実践力のある知識と知恵、勇気。私利私欲はあってはなりません。洞察力が徳望の三つ目の条件となります。

私は常々、この三つのうちいずれかでも不足するようなことがあったなら、組織の長たる者が具備すべき徳望に欠けると思っておりました。

そういうときに、この「社長の『徳望を磨く』人間学塾」の講師の話をいただき、これはぜひやらせてもらいたいと思ったわけです。

この本では『管子』『論語』『孫子』を題材に、徳望を磨くことの真の意味を探求しています。

『論語』には有名な「温故知新」があります。

変化の激しい現代、技術の変化は社会を変え、社会の変化は否応なくビジネスを変えます。私たちは常に過去に学び、新しいことに挑戦するよう求められています。

しかし人が人に働きかけるビジネスでは、昔も今も必ずどこかで誰かが同じようなことに悩み、工夫し、課題を乗り越えています。

新しいことをするとき古典に学ばないのは、極めて非効率と言わざるを得ません。

今、あなたが悩んでいるのなら、壁にぶつかっているのなら、古典にヒントを求めるべきです。

その悩みが人間関係の問題であったとしても、マーケットの問題であったとしても、製品開発の問題であったとしても、必ずや目の前が大きく拓けるようなヒントが古典から見つかるはずです。

温故知新とは、そういう具体的で実践的なことなのです。

近年流行のＤＸもＡＩも、その本質は二七〇〇年前の管仲の行政に見ることができます。管仲の思想を知ることによって、企業あるいは行政などの組織でどうＤＸやＡＩを進めればよいかが手に取るようにわかるはずです。

私が「社長の『徳望を磨く』人間学塾」の講師を快諾し、またこの本を出すことにしたもう一つの理由は、古典には珠玉の知識と知恵のあることを多くの人に理解してもらいたかった点にあります。

本書を執筆するにあたり、致知出版社の藤尾秀昭社長、柳澤まり子副社長、藤尾允泰編集長、書籍編集部の小森俊司次長、セミナー部の川久保守課長には大変お世話になりました。この場をお借りしてお礼を述べます。

令和五年九月

數土　文夫

【主要参考文献】

『史記Ⅰ 覇者の条件』司馬遷・著、市川宏／杉本達夫・訳　徳間書店
『史記Ⅱ 乱世の群像』司馬遷・著、奥平卓／久米旺生・訳　徳間書店
『史記Ⅶ 思想の命運』司馬遷・著、西野広祥／藤本幸三・訳　徳間書店
『史記列伝抄』（管晏列伝第二、孫子呉起列伝第五、仲尼弟子列伝第七）司馬遷・著、宮崎一定・訳　国書刊行会
『史記世家』司馬遷・著、小川環樹・訳　岩波書店
『中国の思想Ⅷ 管子』松本一夫・訳　徳間書店
『中国の思想Ⅸ 論語』久米旺生・訳　徳間書店
『中国の思想Ⅹ 孫子・呉子』村山孚・訳　徳間書店
『中国の思想Ⅰ 韓非子』西野広祥／市川宏・訳　徳間書店
『中国の思想Ⅲ 孟子』今里禎・訳　徳間書店
『中国の思想Ⅳ 荀子』杉本達夫・訳　徳間書店
『中国の思想Ⅻ 荘子』岸陽子・訳　徳間書店
『管仲（上・下）』宮城谷昌光・著　文春文庫
『図説管子 生涯と功績』宣兆琦・著、浅野裕一・監修、三浦吉明・訳　科学出版社東京発行／国書刊行会発売
『管子の研究 中国古代思想史の一面』金谷治・著　岩波書店
『萬世の師孔子』赤池濃・著　洋学堂書店

『孔子』井上靖・著　新潮文庫
『孔子伝』白川静・著　中公文庫 BIBLIO
『論語 珠玉の三十章』弥和順・著　北日本精機株式会社
『新訂 孫子』金谷治・著　岩波文庫
『孫子―「兵法の真髄」を読む』渡辺義浩・著　中公新書
『完本 中国古典の人間学―名著二十四篇に学ぶ』守屋洋・著　プレジデント社

〈著者紹介〉
數土文夫（すど・ふみお）
JFE ホールディングス名誉顧問。昭和 16 年富山県生まれ。39 年北海道大学工学部卒業後、川崎製鉄入社。常務、副社長を経て、平成 13 年代表取締役社長。最後の川崎製鉄社長として、NKK（日本鋼管）との経営統合による JFE スチール設立を進め、15 年初代代表取締役社長（CEO）就任。17 年 JFE ホールディングス代表取締役社長（CEO）。22 年相談役。23 年日本放送協会経営委員会委員長、24 年東京電力ホールディングス社外取締役、26 年より同会長の要職も歴任。川崎製鉄では冶金技術者として多くの論文執筆と特許出願でも貢献。東洋古典に造詣が深いことでも知られる。令和元年旭日大綬賞受賞。

徳《とく》望《ぼう》を磨くリーダーの実践訓

令和五年十月三十日第一刷発行

著者　數土　文夫
発行者　藤尾　秀昭
発行所　致知出版社
〒150-0001 東京都渋谷区神宮前四の二十四の九
TEL（〇三）三七九六—二一一一
印刷・製本　中央精版印刷
落丁・乱丁はお取替え致します。　（検印廃止）

ISBN978-4-8009-1295-4 C0034
ホームページ　https://www.chichi.co.jp
E メール　books@chichi.co.jp

装幀——スタジオファム
帯写真——元木みゆき
編集協力——亀谷敏朗